認知行動療法

下山晴彦・神村栄一

（改訂版）認知行動療法（'20）

©2020 下山晴彦・神村栄一

装丁・ブックデザイン：畑中 猛

o-38

まえがき

　我が国におけるメンタルヘルス対策は大きな転換点を迎えています。医療中心ではなく，多職種がチームとしてメンタルヘルスに取り組む政策が本格的にスタートしています。2019年には国家資格を有する実践心理職である公認心理師が活動を開始しました。国家資格を取得してメンタルヘルスチームに参加することは，心理職が国のメンタルヘルス政策に責任をもって関与する立場になったということです。国の政策には国民の税金が使われています。したがって，国の政策の一端を担うためには，国民に対して活動の有効性を示す説明責任を果たすことが求められます。そこで重要となるのが，「どのような根拠に基づいてそのメンタルヘルスの技法を用いるのか」を説明する責任，つまりアカウンタビリティです。

　認知行動療法は，本書でも述べるように多くの効果研究によって，その有効性が実証されています。その点で，公認心理師としてメンタルヘルス活動に関わっている人，さらには今後関わろうとする人にとっては，認知行動療法を学び，その技法を習得することは，心理職の説明責任を示すためにも必須の課題となります。

　本書は，このような認知行動療法の基礎から応用までを，体系的に解説したものです。基本的な理論から解説してありますので，初心者でも十分理解できる内容となっています。ただし，単に初歩的な入門書ではありません。マインドフルネスやスキーマ療法といった，認知行動療法の最新の方法も詳しく解説していますので，既に実践心理職として働いている人にとっても役立つ内容となっています。

　さらに，本書は，心理学を学ぶ人や公認心理師を目指す人にとって役に立つだけではありません。心理相談を受けたいと思っている人にとっても参考になる書物です。日本では，まだまだ心理相談は一般的ではなく，相談に行ったらどのような方法が用いられるのだろうとかと心配になり，躊躇してしまって，結局問題をこじらせてしまう場合も多くみられます。そのようなときに心理相談で用いられる認知行動療法がどのようなものか知っていれば，安心して一歩踏み出すことができます。

　このように本書は，メンタルヘルスに幅広く関心をもつ方に読んでいただきたい書物です。多くの皆様が本書を読み，認知行動療法に関心をもち，日本のメンタルヘルス活動が促進されることを祈っております。

2019（令和元）年10月
秋風の立つ頃に
執筆者を代表して
　下山　晴彦

目次

1 | 認知行動療法とは何か

下山晴彦

《**目標＆ポイント**》　認知行動療法を学ぶために，知っておくべき認知行動療法の特徴と発展の経緯を解説する。それを通して本書全体の構成を紹介し，学習の道筋を案内する。最初に認知行動療法の原則を確認する。次に，認知行動療法が成立した時代背景と，3つの系譜の発展の経緯を説明する。最後に日本において認知行動療法が適切に発展するための課題を確認する。
《**キーワード**》　行動療法，認知療法，学習の原理，個人主義，自己コントロール

1．はじめに

　"認知行動療法"（Cognitive Behavior Therapy：CBT）は，行動療法と認知療法という二つの異なる系譜を起源としたものである。さらに，現在では，第3世代と呼ばれる，両者を統合する動向も定着しつつある（図1-1）。このように一口に認知行動療法といっても，実際はひとつの統一された体系をもっているというわけではない。それが，認知行動療法を学ぶ上での隠れた支障となっている。共通点があるにしろ，それぞれの立場で問題の理解や支援の方法が異なる。したがって，認知行動療法を学ぶ際には，その違いに留意する必要がある。

　認知行動療法にはさまざまな立場があることを知らない場合，方法論に一貫性や体系性が感じられなくなり，学習過程が混乱する。そこで，認知行動療法を学ぶに当たっては，異なる立場や技法を含みつつ，全体

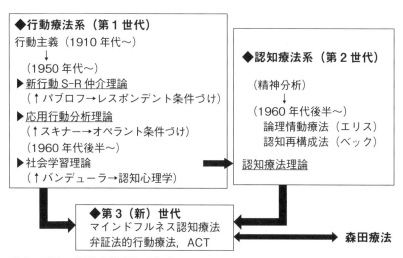

出典：下山，2011を改変して作成

図1-1　認知行動療法の3つの系譜

としてどのように構成されているのかについて知っておくことが必要となる（下山，2017）。

　そこで，本章では，まず第2節で様々な立場に共通する認知行動療法の基本原則を確認する。次に第3節と第4節で認知行動療法の3つの系譜が成立し，発展した経緯を概説する。なお，認知行動療法の発展と統合の歴史及び基礎となる行動科学の原理については，活用の実際との関連も含めて本書第2章で詳しく解説される。

2．認知行動療法の原則

（1）問題理解の原則

【学習の原理】　人間は，何らかの刺激に対して反応することを通して日々生活し，新たな学習をしている。人間は，刺激に対する反応を繰り

返す中で新しい知識や行動を学習していく。そこで，本章では，"学習"を，「刺激に対する反応（つまり「刺激―反応」図式）のなかで新たな行動を習得していく活動」として定義する。

　このように定義した場合，認知行動療法は，この学習の原理に基づいて構成されているとみることができる。行動療法は，学習に関する研究の方法や理論の臨床応用（山上・下山，2010）である。その点で学習の原理に基づいているものと理解できる。認知療法は，情報処理理論に基づくものである。しかし，不適切に学習してしまった非機能的な認知を機能的認知に置き換えることを目標として，そのために，より適切な認知の学習を支援する方法でもある。その点で認知療法も学習の原理に基づいていると理解できる。

【統合システムとしての問題理解】　問題を人間と環境から構成されるシステム間の相互作用で起きている事柄と理解する。そして，現在の生活場面という環境の中で起きている問題の解決を目指す。人間のシステムの構成要素として「認知・思考」，「情動・感情」，「生理・身体」，「行為・動作」を重視する。環境とは，物理的環境だけでなく，社会的，家族的，文化的，経済的環境も含むものである。問題は，それらの要素と環境との相互作用を含む統合システムとして問題を維持するシステムを形成していると考える（図1-2）。

　多くの場合，統合システムは問題を維持させている悪循環の回路となっている。したがって，それに介入し，悪循環を止め，それとは異なる適応的なプロセスに転換していくことが介入の目標となる。第4章では，この，問題を維持する悪循環の回路を見出す方法としてケースフォーミュレーションの手続きを解説する（Westbrook Lennerley and Kirk, 2011）。

【現実に起きている問題の重視】　問題行動を変化させることは，それに

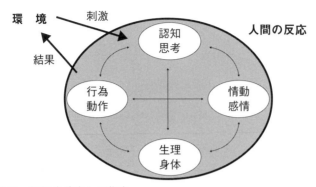

出典：下山，2011を改変して作成

図1-2　刺激─反応─結果のシステム

関連する他の問題，さらにはその人の生き方そのものに変化をもたらすと考える。したがって，問題の原因となっていると想定される過去の体験ではなく，今ここで起きている現実の問題を介入のターゲットとすることを原則とする。ただし，過去の経験をまったく扱わないというわけではない。現在の問題は，過去の経験を通して学習されてきたものであるとみなす。つまり，乳幼児期を含めて過去の経験は，その人の現在の問題行動のパターンや考え方，特に認知の偏りに集約して顕われているとみなすことになる。したがって，過去の経験を含めて現在の問題を理解することとなる。

（2）介入の原則

【問題解決の原則】　問題行動を，本人が生活するのに適した行動に改善することを通して問題の解決を支援する。生活場面での問題解決が重視されるため，日常場面で実施する課題（ホームワーク）が出され，実際の生活の中で行動の改善を図る。また，問題解決にあたっては，クライ

エント自身が問題解決に積極的に関わる動機づけが重視される。セラピストは，アセスメントで問題に関連する情報を収集し，悪循環を維持している問題の成り立ちに関する仮説を立てる。それが，ケースフォーミュレーションとなる。

【心理教育と協働関係の原則】　セラピストは，ケースフォーミュレーションをクライエントに説明し，同意を得て問題解決に取り組む。このクライエントに説明する作業を心理教育と呼ぶ。心理教育を通してクライエントとの間で協働関係を形成し，動機づけを高めることが問題解決の前提となる。問題解決をクライエント自身ができるようになり，それが他の問題にも般化していくことが介入の基本的前提となる。そのため，原則として介入期間を限定し，セラピストとクライエントが協働して集中的に解決を目指す。

【仮説―検証の原則】　臨床過程では，ケースフォーミュレーションに基づいて介入方針を立てる。介入段階で，仮説としてケースフォーミュレーションの妥当性を検討する。妥当性の検討にあたっては，クライエントの行動観察や自己評価式尺度なども用いられる。効果がみられない場合には，ケースフォーミュレーションを修正し，より効果的な介入を目指す。

【エビデンスベイスト・プラクティスの原則】　単なる臨床的逸話ではなく科学的な証拠（エビデンス）において有効性が確認された方法を優先的に用いるエビデンスベイスト・プラクティスとなる。ランダム化比較試験（Randomized Controlled Trial：RCT）やメタ分析等の効果研究によって実証的に有効性が検証された方法の適用が推奨される。例えば，英国の国民健康サービス（National Health Service）の治療ガイドラインを提示するNICE（National Institute for Health and Care Excellence）では多くの障害で認知行動療法が推奨されている（表1-1）。

表1-1　有効性が実証された介入法リスト

疾　患　名	介　入　方　法
双極性障害	うつ状態：認知行動療法，対人関係療法，行動的カップルセラピー
うつ病	認知行動療法，対人関係療法，行動活性化，行動的カップルセラピー，グループ身体活動プログラム
統合失調症	認知行動療法，芸術療法，家族介入
強迫性障害	認知行動療法（曝露反応妨害法を含む）
身体醜形障害	認知行動療法（曝露反応妨害法を含む）
パニック障害	認知行動療法
全般性不安障害	認知行動療法，リラクゼーション
社交不安障害	認知行動療法，対人関係療法，短期精神力動的療法
PTSD	認知行動療法，EMDR
神経性無食欲症	認知行動療法，モーズレイモデルによる成人向け神経性無食欲症治療法（MANTRA），焦点化精神力動的療法，家族療法，若者に焦点化した神経性無食欲症の心理療法
過食性障害	認知行動療法（認知再構成，行動実験，曝露法を含む）
神経性大食症	認知行動療法，家族療法
反社会的パーソナリティ障害	認知行動療法
アルコール依存症	認知行動療法，行動療法，社会的ネットワークや環境に基づく治療，行動的カップルセラピー
薬物乱用	行動的カップルセラピー
ADHDによる機能障害	認知行動療法
ASD	社会学習プログラム（モデリングを含む）

出典：https://www.nice.org.uk/guidance/conditions-and-diseases/mental-health-and-behavioural-conditions より作成

3. 認知行動療法成立の文化的背景

　McLeod（1997）は，心理療法が出現した契機として，近代に向けての社会文化移行過程を指摘する。過去の古い文化的伝統的社会から近代社会に移行する中で心理療法の出現が要請されたという見解である。あらゆる文化は，集団間や対人間の緊張状態，怒りや喪失の感情，目的や意味への問いといった問題に対する固有の対処法を備えている。それぞれの文化が自らの内に備えている対処様式は，人々を"癒すもの"として世代を重ねるごとに発展して日常生活の一部になっている。このような見方からすれば，心理療法は，伝統的文化によって培われてきた対処様式をその時代の社会の価値やニーズに合わせて再構成した"癒し"の一形態とみなすことができる。

　では，近代社会における価値とはどのようなものであろうか。最も重要な価値の一つとして，科学性があることを忘れてはならない。近代以前の伝統社会では，宗教が重要な価値観であった。それが近代に至る過程で科学に移行してきた。科学的理論は，「科学はあらゆることを予測し，コントロールし，危険性を回避できる」という信念に支えられている。図1-3に示したように伝統的世界観から近代的世界観への移行段階において宗教的物語が徐々に重要性を失い，それに替わって科学的に"魂の救済"を引き継ぐ方法が求められることになった。また，宗教的な共同体への所属や神への帰依から，近代市民社会を生きるための個人主義や自己コントロールも，新たな価値観として要請されるようになった。このような社会的ニーズに合わせて，宗教とは異なる魂の救済の方法として，"心理療法"が再定義され，再構成されたのである（下山，2010）。

　伝統社会から近代社会への移行期にはまず19世紀に催眠法が，そし

伝統社会	近代社会	ポストモダン社会
集団的生活様式 （地域共同体）	個人主義的生活様式 （国家）	関係的自己 （国際化と地域文化）
外的要因に規定される 自己	自我の確立した自律的 自己	バラバラな，飽和した 自己
宗教と神話への信頼	科学への信頼	知識は社会的構成物 に過ぎないとの認識
農業社会	産業社会	情報社会

臨床心理学 ▮▮▯ ⟶

〔精神分析〕〔行動療法〕〔認知療法〕
〔クライエント中心〕〔家族療法〕

出典：下山，2010を参考に作成

図1-3　社会文化的様式の移行と心理療法の変化発展

て近代化が進んだ20世紀前半にはそれを引き継ぐ形で精神分析が欧米の裕福な市民の心をとらえた。近代市民は，"パーソナリティ"としての自己，そして自己に伴う"内面生活"における自由とコントロールを目標とした。とりわけ伝統のないところに近代社会の構築を目指す米国では，個人の内面のコントロールを謳う精神分析は，魅力的だった。

　しかし，時代は進み，20世紀の後半になると社会は，近代化をさらに徹底させることになった。社会の近代化の進行によって個人主義と科学性に基づく人間観が発展していった。近代社会に広く浸透しつつあった"進歩"や"発展"という枠組みの中で，近代社会を生き抜く自己コントロールをサポートするために，さらに科学的な心理療法が必要となった。

　人々は，現代社会において自己の感情や行動をコントロールすることを求められるようになった。心理療法の実践は，日常生活で生じてくる感情や行動の問題に対して科学的に妥当な理論と手続きを適用し，機能

的な近代社会を生きていくための自己コントロールを習得する活動と
なった。

　精神分析から行動療法へ，そして認知療法へという移行は，このよう
な近代化における時代変化に対応する必要があったからである。しか
も，エビデンスベイスト・アプローチによる心理療法の効果研究は，近
代社会で重視される科学的発展そのものであった。それによって介入効
果が実証されたことも現代社会で行動療法や認知療法が支持される大き
な要因となった。

4.　認知行動療法の成立と発展

（1）第1世代：行動療法の系譜

　行動理論は，1910年代には行動主義として心理学の中心的理論となっ
ていた。このような行動主義の伝統の中で1950年代に，パブロフ
（Pavlov）のレスポンデント条件づけを拡張し，系統的脱感作の手続き
を開発したのが，ウォルピ（Wolpe）である。彼は，恐怖刺激に，拮抗
反応を喚起する第2刺激を対提示することで，恐怖反応を相殺し，抑制
できるようにした。この技法は，現在では，段階的曝露（エクスポー
ジャー）法として臨床実践で広く用いられている。曝露法については第
9-10章で解説する。

　1950年代には，行動主義の伝統の中で応用行動分析理論が発展して
きた。スキナー（Skinner）は，先行する出来事（先行刺激：
Stimulus），反応（Response），結果（強化：Consequence）の関係に
焦点を当て，先行する出来事と結果を変化させることで，反応に変化を
もたらすことができるというオペラント条件づけを提唱した。それが，
強化法や消去法，刺激統制法として臨床応用され，トークンエコノミー
法，さらにはSST（Social Skill Training）などに発展した。これにつ

いては，第6-7章で解説する。

　1960年代後半からは，行動主義の新たな次元の発展として社会学習理論が唱えられた。この社会学習理論によって認知プロセスが行動の媒介機能となっていることを説明し，行動療法を認知行動療法に向けて発展していく契機をつくったのが，バンデューラ（Bandura）である。この理論展開の中でモデリングやセルフモニタリング，あるいは自己観察，自己評価，自己強化に基づく自己コントロールのモデルが提案されるようになった。第5章において自己モニタリングとの関連で詳しく紹介する。

（2）第2世代：認知療法の系譜

　認知療法の系譜は，元は精神分析を学んでいた人々によって1960年代に新たに提唱された。エリス（Ellis）は，感情と行動は出来事それ自体によって喚起されるのではなく，その出来事をどのように解釈するのか，つまり認知のあり方によって変化するとして論理情動療法を提唱した。出来事（A：Activating Event）は，信念（B：Belief）に照らして判断され，結果（C：Consequence）として感情や行動が喚起されるとした。信念には，合理的なものも，非合理なものがあり，不適切な感情や行動は，非合理的信念（irrational belief）によって引き起こされ，持続されるとするABCモデルを提案した。

　ベック（Beck）は，自己，世界，将来（認知の3要素）に関する偏った認知が，否定的な結果を導くとした。そのような認知の根底にあるのが，中核的信念（Core belief）である。それは，出来事を判断する拠り所となる認知的枠組みであるスキーマ（schema）として機能するとした。スキーマは，乳幼児期からの経験によって形成され，意識の底で固定されており，不合理な思い込みをスキーマとしていた場合，それが刺

激によって一旦活性化されると，さまざまな種類の認知的歪みや推論の誤りが引き起こされる。それは，人の意識の流れにおいて意図せずして湧いてくる思考やイメージである自動思考（automatic thought）として現れ，抑うつ気分などの不適切な感情や行動をもたらす。そこで，不合理な思い込みを突き止め，認知の歪みを適切な考え方に替えていくことが介入の目的となり，そのための方法が認知再構成法となる。認知療法の理論と方法は，第11-12章で解説する。スキーマ療法は第13章で解説する。

（3）第3世代の系譜

　第3世代と呼ばれる系譜は，マインドフルネスやアクセプタンスとコミットメントと呼ばれる方法で構成される。マインドフルネスは，うつ病の再発における考え込み（rumination）の問題に取り組む過程で，否定的認知の内容を変化させることよりも，むしろ自らの考え方から距離をとり，脱中心化することにあるとの見解に基づくものである。

　ここからマインドフルネス認知療法（Mindfulness-based cognitive therapy）が発展した。不適切な思考の変化を強調せず，非判断的で，受容的な注意の配り方を習得できるように支援することが目的となる。クライエントが自らの考え方，感情，身体の経験に対する自由なメタ認知を獲得し，それらを新たな仕方で関連づけるように支援することで習慣的となって凝り固まっていた不適切な認知から，クライエントが自由になることが目指される。

　アクセプタンス＆コミットメント・セラピー（ACT：Acceptance & Commitment Therapy）は，問題は行動の柔軟性と効率性の欠如によるとみなし，クライエントが固定した認知や感情に邪魔されたとしても有用な行動を選択できるように支援することを目標とする。

　このようなマインドフルネスやACTといった新しい方法は，東洋的な瞑想法，さらには禅の思想や森田療法など日本の文化や思想とも通じるものとなっている。このような第3世代の系譜については，第8章及び第13章で解説する。

5．おわりに：今後の課題

　2015年に公認心理師法が国会で成立し，2019年には国家資格を有する心理職である公認心理師が活動を開始した。では，心理職が国家資格化となって新たに生じる変化とはどのようなものであろうか。

　そのような変化の中での最も本質的な変化の一つとして，心理職の活動にアカウンタビリティが求められることがある。国家資格となることは，心理職が国の政策に責任をもって関与することである。国の政策には，国民の税金が使われている。そのために，国の政策の一端を担うことは，法律遵守が求められるとともに国民に対して活動の有効性を示す説明責任を果たすことが求められることになるのは当然である（大野・下山，2019）。

　アカウンタビリティを示すという点で有効性が実証された活動を実践するエビデンスベイスト・プラクティスが重要となる。エビデンスベイスト・プラクティスでは，多くの効果研究によって有効性が実証されている認知行動療法が重要な役割を担う。そこで，認知行動療法を発展させる環境を整えていくことが課題となっている。

　日本のメンタルヘルス活動において認知行動療法を適切に発展させるためには，日本の社会や文化に適した導入の仕方が重要となる。認知行動法は，個人主義を前提とし，的確な自己コントロールを高めることを通して社会的な適応を支援することを前提としている。ところが，日本文化は集団主義傾向をもち，自己コントロールよりも，他者や集団との

協調を重視する。したがって，このような文化の違いを考慮して，認知行動療法を適切に適用できるように方法を改善していくことが重要な課題である。

 1. これまでもっていた認知行動療法のイメージがどのようなものであったのかを振り返ってみよう。そのイメージは，第1世代，第2世代，第3世代のいずれにあたるのかを確かめてみよう。
2. 日常の生活において何か気になっている出来事をひとつとりあげてみよう。そして，その出来事を認知行動療法の枠組みである刺激―反応―結果の枠組みで理解してみよう。

引用文献

- McLeod, J. (1997). Narrative and Psychotherapy：Sage Publications.（下山晴彦監訳『物語りとしての心理療法』誠信書房，2007 年）
- 大野　裕・下山晴彦編集「特集　公認心理師のための簡易型認知行動療法入門」，精神療法，45（1）7-86，2019 年
- 下山晴彦『臨床心理学をまなぶ1　これからの臨床心理学』東京大学出版会，2010 年
- 下山晴彦監修『臨床心理フロンティアシリーズ　認知行動療法入門』講談社，2017 年
- Westbrook, D., Kennerley, H., and Kirk, J. (2011). An introduction to cognitive behaviour therapy: Skills and applications.（下山晴彦監訳『認知行動療法臨床ガイド』金剛出版，2012 年）
- 山上敏子・下山晴彦『山上敏子の行動療法講義 with 東大・下山研究室』金剛出版，2010 年

2 | 行動と認知の科学としての認知行動療法

神村栄一

《目標＆ポイント》 行動と認知についてのサイエンスが，心の健康の維持と回復にかかわる技術のスタンダードとして世界中に普及したのはなぜか。その背景の理解をねらいとして，認知行動療法の基礎となる理論を概説する。さらに，より質の高い実践者であるために必要となる，科学者─実践者モデルを紹介する。

《キーワード》 死人テスト，特性，公的事象，私的事象，カバート行動，オバート行動，遅延価値割引，科学者─実践者モデル

1. はじめに：行動の科学がなぜ心の健康に貢献するのか

（1）心について科学的であること

　心の不調について，「行動と認知の問題としてとらえることによりその支援の精度が高まる」と言われたら，多くの人は困惑するだろう。「行動」とはしばしば，内面にある「こころ」と相対する概念であり，「認知」という言葉からは，いわゆる認知症を連想する。認知行動療法について，あたかも，「心を持たないロボット」とみなし，あとは「臓器としての脳の異常を修正する治療法」であるかのような印象を抱く人も少なくない。

　行動や認知についての科学，つまり行動科学や認知科学は，心理学が実証科学として発展するために重要な枠組みであり研究の対象となって

きた。

　心理療法がより科学的であるほど高まることとして，以下をあげることができる。

- ・**予測可能性**：ある困難や症状について，その時点で最も効果の見込みがある支援が示される。その結果，信頼できる見通しを持てるようになる。
- ・**透明性と普遍性**：知見が集積されてきた過程は常に明確であり，かつ差別なく公表される。その結果，誰もが平等に恩恵を享受しやすくなる。
- ・**発展可能性**：国籍，身分，資格，文化や使用言語にかかわらず，誰もが，知見の蓄積と技術の発展に寄与でき，発展の可能性が広がる。

（2）行動（behavior）とは「死体にない」反応

　認知行動療法における「行動」は，普段日本語でこれを用いる場合とは少し異なる意味を持つ。

　日常用語としての「行動」は，ふるまい，所作，動作，動き，パフォーマンス（身体表現），筋骨格運動などと言い換えることができる。「行動が伴わない」といった表現にみられるように，行動は通常，人の内面の感情や気持ち，意図などと完全には連動せず，区別されるべきものとしてとらえられている。

　認知行動療法における「行動」は，行動科学という学問が研究対象とする「行動」である。これを簡潔に説明すれば，「生きているからこそ自発する反応」を意味する。したがって，意味する範囲はとても広くなる。

　「自発する」が行動の条件であるから，「他人に腕をつかまれ高く持ち

上げられた」は行動ではない。「ピストルを手にした強盗から『手をあげろ』と脅された」場合の「腕をあげた」はどうだろう。脅された結果とはいえ，あくまで「（本人が）あげた」のであり，行動になる。

　死んでいる人（死体）は眠らない（永眠という表現があるが，これは本来の意味での睡眠ではない）。したがって睡眠は行動である。実際に，行動科学の重要な研究対象となっている。「つい居眠りしてしまった」場合の睡眠も行動である。本人に「つもり」があってもなくても自発した反応であり行動になる。それが意識的であったかどうかで区別されることはない。無意識に自発する反応，たとえば呼吸がその代表であるが，これも行動である。

　死んでいる人（死体）が，悔しがったり，おびえたり，怒ったりするのはゲームや映画の中だけである。表情をかえる，肩を振るわせる，顔を紅潮させる，も死体にはない。血圧の上昇下降も瞳孔反射もない。よってこれらはすべて行動である。生理反応の揺らぎをとらえるためには高価な測定機器が必要となるが，それでも観察（現象の確認）は可能である。

　「やる気」はどうだろう。抽象的で具体的に観察できないので行動にはならない。「推し量られた」傾向や特性そのものは行動とはみなせない。むしろ，「行動を説明する概念（仮説構成体）」である。

　死んでいる人（死体）は考えない。アイディアを思いつくこともなければ，「これは○○であることを意味する」などと評価をくだすこともない。したがって，これら認知とよばれる反応も行動に含まれ，実際に行動科学の研究対象となっている。ただ，その他の行動とは異なる側面もあるので，「行動と認知」という表現が広く用いられている。

　「自分は○○な人間である」と自己評価し，「生きていても何もよいことはない」と自己の将来を決めつけ，「自分は誰からも好かれない」と

思い込む，などはすべて，死体にはできない自発的な反応であるから行動でもある。それを測定するには，本人に協力してもらい，頭の中でのやりとりを報告してもらうことが不可欠となるが，観察（現象の確認）は可能である。先に，「やる気」は行動でないと説明したが，「やる気が出ないなあ」と思考することそのものは具体的な認知の働きであり，行動である。

（3）「死人テスト」で行動かどうかがわかる

　説明してきたとおり，「死体にできるかできないか」ということで，それが行動とみなせるかどうか判断しやすくなる。これを，死人テスト（dead man's test）とよぶ。

　「落下すること」「傷つけられること」「細胞組織が腐敗すること」「床に横たわっていること」は「死体にもある」から行動ではない。「諦めない」「おしゃべりをしない」などの「しない」の否定表現の内容も，「死体にもあてはまる」（つまり，死体もそれらを「しない」）から行動ではない。

　この，「否定の表現は行動ではないとみなされる」ことは，教育や支援の場面で「※※するな」という指示が役に立ちにくい，という事実を思い起こさせる。「※※するな！」と言われた側はしばしば困惑し，動けなくなる。これでは望ましい行動を習得する機会を持てない。より具体的な，「※※してみたら」の助言のほうがよい。行動の獲得は，自由に自発できる，つまり主体性が保証される中で効率よくすすむ。

　なお，上述の説明によれば，第1章（14ページ）の図1-2「刺激─反応─結果のシステム」にある，構成要素「認知・思考」，「情動・感情」，「生理・身体」，「行為・動作」はすべて行動となる。

（4）行動は「特性（trait）」とは区別される

　心理学では，さまざまある人の個性や行動傾向の違いを「特性」としてとらえ，研究の対象としている。一般に，人が人の個性を理解する上では，「内向的である」「衝動性が高い」「こだわりがつよい」「短気である」などの性格特性の記述用語が用いられる。「内向的」などは，「しない」でなく「する」の肯定表現だけで記述するのは難しい。

　認知行動療法の実践においては，性格特性と行動ははっきりと区別されたほうがよい。原則として，認知行動療法が変容のターゲットとするのは，特性ではなく習慣として繰り返される行動である。

　認知行動療法では「その人らしさ」があることを認めない，というわけではない。ただ，その人らしさをその特性で語るというのは，説明のためにはとても便利なようだが，具体的な支援のためには，ざっくりしすぎているとする。心のトラブルを扱う臨床心理学や精神医学の理論には，「説明しやすさ」と「介入しやすさ」のトレード・オフ（両者を同時に高めることが難しい関係性）がある。認知行動療法は，支援の技術として「介入しやすさ」を優先する。

　人の個性についてよく理解できれば支援もうまく進むだろう，という意見もあるだろうが，それには限界がある。クライエントの自己理解が進むだけですべての心のトラブルが解消するのであれば，認知行動療法はこの世に誕生しなかったであろう。「自己理解だけでは変化しない」場合も多く，また，もともと観念的で知的な理解を苦手とする方にも提供しやすい支援方法として，比較的後発の認知行動療法が今日，心理学的支援のスタンダードになっている。

（5）循環論から抜け出す：「自尊心が低い」とされた青年A

　Aは，幼いころから勉強も運動も，友だちづきあいも苦手であった。

自信を持てるものはなく，親友もできないまま，専門学校に通っている。

　Aについてひとりの教員が「どうしてこれほどまでに自信が持てないのだろうか」とあるカウンセラーに問うた。カウンセラーは「それだけ自尊心が低いから」と説明した。続けてその教員は，どうしてAについて「自尊心が低いと言えるのか」と問うた。カウンセラーは「あらゆることに自信を持てていないから」と答えた。お気づきだろうか，これは典型的な循環論である。Xを説明する時にはYを根拠とし，Yを説明する時にはXを根拠としてしまっている。

　多くの特性に関する用語そのものは，何も説明してはくれない。さまざまな場面で見せるAの行動のあり方の原因をその「自尊心の低さ」で説明するのは，「新潟の冬は雪が多い」を「新潟は雪国だから」と説明するのに似ている。「雪国である」という表現は，新潟に降雪量が多いことの背景やメカニズムを何も説明していない。

　認知行動療法の成果を評価する際の指標として，性格特性を測定する尺度が用いられることはあるが，認知行動療法の直接のターゲットは，すでに説明したとおり，「死体にはない自発する反応」「ビデオカメラや生理指標の測定機器，あるいは本人による内省報告により具体的にとらえることができる反応」である。

　「木をみて森をみず」という言葉がある。認知行動療法では，定期的に森，つまり，生活の質の向上，主観的な幸福感など，その人らしさの全体を見据えながらもひとつひとつの木に着目し関わっていくことになる。ここで「森」は特性や傾向といったその人らしさを，「木」は個々の習慣行動を指している。

（6）認知をどのように行動としてとらえるか

　標準的な認知行動療法を実践する上で，「認知も行動であり区別せずにとらえる」というのは，一般的な人間の心の理解の枠組みからかけ離れるため，補足が必要となろう。

　先に，「死体にない」ことが行動になる，と説明した。生物としてわれわれは，環境に働きかける。一般に環境とは，自分の皮膚の外，と認識される。そこで生じた出来事（やりとり）は公的事象（public events）とよばれる。読者が手にしているこの印刷教材，利用している机やいす，部屋，その照明すべてにおける出来事は公的事象である。近くにいる家族，学生も教職員の方々の言動もすべて公的事象である。

　では，皮膚の内側で生じたことはどうか。これは私的事象（private events）とよばれる。つい先ほど前に口にした食物が胃の中で「もたれる」のを感じたら，その感じも私的事象である。あるメロディを聴いて思い出した場面，その時の思い出とさまざまな感情がわいてきた。そのような感覚や記憶も私的事象である。これらは反応でもあるが同時に刺激ともなる。われわれは，他人から観察できない私的事象をきっかけとして，「胃薬を探す」「作業を止める」「スマホで検索する」といった行動を起こしている。

　パニック症の方にとって，公共の場所や乗り物，スーパーのレジ（これらは公的事象）に並んでいる際の，自身の身体不調のサインとそれによって感じる恐怖反応そのものは，内なる環境での出来事，つまり私的事象である。このように，公的事象と私的事象をあわせた刺激反応の展開をとらえないと，認知行動療法のアセスメントは不十分となる。

　認知行動療法では，頭の中での操作，思い出す，想像する，見たり聞いたりした情報を解釈すること，たとえば「職場の同僚の『おかげで助かりました』の言葉は，仕事が遅い自分へのあてつけに違いない」と考

えることなどをカバート（covert）行動とよぶことがある。対して，筋骨格による行動で動画としてとらえることができる行動を，オバート（overt）行動とよぶ。観察のしやすさ・しにくさに差はあるが，どちらも，「死体にない」反応であり行動である。

　認知反応の大切な特徴は，環境とそこにある刺激を意味づける，その意味づけのなかで人の行動を方向づける（ルールをつくる）という点にある（第8章参照）。

　ある同僚の言葉がことごとく，自分の仕事ぶりを悪く評価する「あてつけ」であると意味づけると，その同僚に対するかかわり方を規定するルールを定めようとする。たとえば，かかわらないようにする，あるいは逆に抗議や仕返しをする，誰かに相談する，などである。

　「止まれ」の道路標識があれば「止まる」だろうし，目の前に悲しんでいる友人がいたら「慰めの言葉をかけてあげる」ことにしている，というのがルールである。

表2-1　ふるまいと認知，特性

特　性	認知（評価やルール）	ふるまい
短気や狭量	「バカにされた」 「許しておけない」 これらの思考の反芻 関連する記憶の想起	反撃の準備と実行 仲間（味方）の確保 やつあたりで発散
極度のシャイ	「笑われる」 「迷惑がられる」 否定評価のチェック 逃げる言い訳の想起	人の視線や言葉を追う 誘われにくい態度 状況から回避する
自尊心の低下	「どうせだめだ」 「なんの価値もない」 自己について否定表現 チャレンジの前に結論	チャレンジを避ける 先に断ってしまう 確実なことだけする

2. 支援の対象となる困難，症状を行動でとらえる

　認知行動療法という技術の威力は，認知行動療法にふさわしい困難や症状のとらえ方ができてはじめて発揮される。支援の対象となる困難や症状を，「死体にない」「観察可能な」習慣行動，パターン化された認知や情報の相互作用のレベルでとらえないと，「エビデンスがある」とされる援助の対象であっても成果は得られないことになる。実際にはほとんどの場合，行動の出現頻度（あるいは強度）の過剰または過少でとらえることができる。

（1）B（30代前半，男性で独身）の抑うつ症と自殺企図で来談

　順調に勤務できていた頃から，忙しくとも上司や同僚からの依頼を断ることができなかった（過少）。連日のように仕事を自宅に持ち帰って行っていた（過剰）。睡眠不足が続き（過少），休みの日の夜は月曜日からの仕事のことを考えた（過剰）。逃れるために，金曜と土曜の夜に深酒（過剰）した。自分に対する情けなさを頭の中で考え込みをすることが多くなり（過剰），それを回避するためネットのゲームに夢中になった（過剰），ゲームで課金を繰り返した（過剰）。

（2）C（中学2年，女子）クラスで孤立を深め欠席が増えたケース

　中学校に進学し悩んだ末に運動が苦手なのに親友が希望したある運動部に入部した。練習では常に，相手が「自分とはペアを組みたくない」と思っているだろうと考え（過剰），相手の表情を読むことに気をとられていた（過剰）。そのせいで，ますます技術が上達せず，親友や他の生徒が会話しているのを見ると「自分のことを悪く言われているのではないか」と連想するようになった（過剰）。夜は，親友やクラスでき

た友人とのメール交換のことについて考え込む時間が長くなり（過剰），スマホの使用に厳しい親の目を盗んで寝静まったころにスマホを自室に持ち込み（過剰），深夜までメールをチェックし（過剰）速やかに返信するようになった（過剰）。母親との口論も増え（過剰），それにともない欠席も増えてきた（登校行動の過少，登校できないと訴える行動は過剰）。

（3）D（20代男性）痴漢行為がやめられず逮捕となったケース

　少し早めに家を出ると女子生徒が多い車両に乗れることを経験し，早く自宅を出ることが増えた（過剰）。制服が気になる高校の女子が多い車両を選び乗ることが増えた（過剰）。その後，女子生徒の背後に最初はバッグを挟んで，その後バッグを持ち替えて自分の脚を女子生徒の後ろ側の脚に密着させることが増えてきた（過剰）。自宅で電車での痴漢の手段を紹介する動画を探して観る機会が増え（過剰），それによる性処理の頻度も増えた（過剰）。数回，密着させた女子生徒からにらまれたことがあったがいずれもそれだけですんだので「脚で触れるだけで痴漢と騒がれることはない」「長いこと電車通学をしている女子にとってはさほど嫌ではないのだろう」「騒がないタイプの学生を見抜くことを自分はできている」という考えを抱くようになった（過剰）。

　最後の事例は，過剰ばかりの記述となったが，習慣行動というのは何かが多発していれば逆に他の何かが過少となる。したがって，車両の中での他の対象にむかう（スマホでニュースを読む，ゲームをするなど）行動が減っているととらえることもできる。

3. 望ましい行動はなぜ選択されにくいのか

　ここまで読んでいただいて，認知行動療法について，いまひとつ，腑に落ちない，という方もおられることだろう。それはおそらく，認知行動療法の理論には，なぜ人は心と身体の健康を優先して生活できないのか，という疑問に答えが用意されていないからかもしれない。

　それについて，ひとつの行動論的な考え方を紹介する。これは行動経済学という，経済活動を行動科学的に理解する領域の知見である。

　深酒したら明日の仕事に差し支える，と何度も経験していてもついつい飲み過ぎてしまう。ガミガミ言ってもよい変化はほんの一時だけのことで，かえって関係が悪くなるばかりと，わかっているが，つい（家族や部下に？）怒鳴ってしまう。ギャンブルなんて，トータルでは負けるにきまっていて，あとで必ず後悔するとわかっていてもつい多くのお金と時間を費やしてしまう。計画どおり仕事をすすめていれば徹夜なんてしなくてすむのに，小学生の夏休みの宿題でそうだった先延ばしの癖が大人になっても治らない。

　これらはすべて，遅延価値割引（delay discounting）という，非合理的な判断傾向のせいである。これは，「今すぐ手にできる報酬」と「時間的に先の報酬」を，対等なものとして認識することが難しいことを意味する。

　ある労働の報酬として，「今日の1万円」と「1年後の1万円」のいずれかで差し上げます，と言われれば，誰でも前者を選ぶ。では，「今日の1万円」と「1年後の1万と1千円」ではどうか。年に10％という金利に相当するのだから，迷うことなく後者を選べるだろうか。確かによほど経済的に困窮しているタイミングでもなければ，合理的な選択は後者の「1万と1千円」となる。しかし，「今日の1万円」を選んでしまう

人は意外に多い。

　デメリットについての比較も同じである。1週間後が期限となる「とても嫌な仕事」があったとする。どうしても2時間はかかる。ある事情から，1日先に延ばすほど，5分ずつ，完了させるまでの時間が長くなることがわかっている。明日になると2時間と5分かかってしまう。締め切りぎりぎりの1週間後にやると2時間30分もかかる。このようなことが実際にあったらどうだろうか。合理的な選択は，「嫌な仕事ならなおさら，少しでも早く終えるべき」だが，実際には，先延ばしをする人は多い。

　数百万年ともいわれる人類の長い進化の歴史の中で，契約や約束があてになり，将来の予測が可能となったのは，「ごくごく最近のこと」である。人の心はまだまだ，契約や約束，健康に関するエビデンスを適切に参照できる時代に対応した進化を遂げていない。

　われわれは，しばしば衝動性に負け，遠い先のメリット，心や身体の健康，より安定した生活や人間関係を大切にできない場合も多い。事例のBさん，Cさん，Dさんそれぞれの，望ましくない行動の選択は，そこに原因がある，と言える。

　認知行動療法による支援は，合理的な判断の回復とそのためのきっかけや支援の具体的な提供，ということになる。

4.　基準を満たした認知行動療法の実践者であるために科学者でもあり続けること

　科学者—実践者モデル（the scientist-practitioner model）という言葉がある。臨床心理学の専門家の養成システムの確立というニーズのもと第二次世界大戦後に米国で生まれた言葉である。認知行動療法に限定したものではないが，科学的実践であることを重視する認知行動療法に

おいてしばしば強調される用語である。

　これは，認知行動療法のよき実践者であるためには，「私は実践者であり科学の発展に携わることはありません」という狭い態度では限界がある，という警鐘でもある。科学研究の最前線に立ち，知識をつくる役割を果たすつもりはなくとも，科学者としての資質の維持を心がけ，それにつながる活動を継続する実践者であることが望まれている。

　具体的に求められる態度は，①科学としての心理学（行動科学）を中心に関連領域も含めた知見を学び続けること，②科学的根拠（いわゆるエビデンス）に基づく学問としての臨床心理学を学び続けること，③科学的な研究手法やそのためのデータ解析を自身の研究として経験しできる限り研究活動に参画し続けること，④学術研究の実践や発表の機会に触れ続け批判的に学ぶ姿勢を維持すること，などである。

　そもそも科学者に求められる姿勢の本質は，目の前の現象に対し，検証可能な仮説を立ててそれを合理的でかつ妥当性ある検証に誠実に向かうことである。臨床心理学の実践者にとって目の前の現象とは，支援を必要とする方の困難や症状であり，その速やかな改善のために検証可能な仮説を立て，本人の利益を優先した検証としての介入を説明と合意のうえで提供する，その過程を成否にかかわらず透明化する，つまり他者からのチェックに耐えられる形でデータ化し，機会があれば公表することである。

　検証可能な仮説を設定することについては，長く臨床心理学の課題であった。第2節であげた3つの事例についても，Ｂさんについては，「外に向かうべき攻撃性が自らに向いた」，Ｃさんについては，「依存から自立のために必要な自閉の期間の入り口にある」，Ｄさんについては「男性性の確立を阻害してきた家庭環境への無意識での反撃」といった仮説が立てられたとしたら，どうだろう。表現は文学的だが検証不可能に仕

立てられた仮説に基づく実践に，高い精度で予測し信頼できるような援助の提供を期待することは困難である。

　できるだけ検証可能で追試可能な多数の研究から抽出された，成人の抑うつ，不登校や生活習慣の乱れ，オーソドックスな解消からやや逸脱した行為により維持される性衝動についての，より質のよい研究，それをバランスよく紹介した文献にあたる。そして，できるだけ，それらの示唆する方向性に沿って，実際のケースから得られた情報をあてはめて検証可能な作業仮説を立て，支援という検証をできるだけ透明性の高い方法で継続する。もちろん，仮説は常に，大きなあるいは小さな修正を受け続ける。

　それはまさに，個々の心のトラブル，困り感，生活の質の低下の慢性化という現象にいどむ科学者としての誠実さある態度である。

1．自分の心と身体の健康のための課題（目標）は，どのような習慣行動が多すぎる，どのような習慣行動が少なすぎる，と具体的にとらえることができるか，考えて整理してみよう。「意欲」「意志」「根性」「やる気」「愛情」「攻撃性」「自己肯定感」など，抽象的な言葉で説明したくなるのをおさえて記述すること。

参考文献

- 蒲生裕司『よくわかるギャンブル障害　本人のせいにしない回復・支援』星和書店，2017 年
- 原田隆之『心理職のためのエビデンス・ベイスト・プラクティス入門：エビデンスを「まなぶ」「つくる」「つかう」』金剛出版，2015 年
- 奥田健次『メリットの法則　行動分析学・実践編』集英社，2012 年
- Raylu, N., & Oei, T.P.（2010）A Cognitive Behavioural Therapy Programme for Problem Gambling: Therapist Manual（原田隆之監訳『ギャンブル依存のための認知行動療法ワークブック』金剛出版，2015 年
- 島宗　理『応用行動分析学―ヒューマンサービスを改善する行動科学』新曜社，2019 年

3 │ 認知行動療法の基本技法（1）
─関係性構築および動機づけのための面接技術

林潤一郎

《目標&ポイント》 クライエントとの関係性構築の意義を学び，効果的な認知行動療法実施に必要となる面接の基礎技術を学ぶ。前半では認知行動療法の効果に及ぼす関係性の影響を，後半では主に共感的理解および動機づけのための面接技術を解説する。
《キーワード》 心理療法における共通要因，協同実証主義，関係性，面接技術，共感的理解，マイクロカウンセリング，動機づけ面接

1. はじめに

　本章のトピックは，クライエントとの関係性構築とそのための面接技術である。認知行動療法ではクライエントの認知的・行動的な変容が強調されているために，面接時の関係性構築やそのための面接技術を学ぶことの重要さが見過ごされやすい。しかしながら，認知行動療法が効果的であるためには，クライエントとの関係性の構築はきわめて大切なものであり，かねてよりその重要さは指摘されている。そのため，本章ではそうした理論的背景や先行知見を整理しながら，認知行動療法実施の際に前提となる，クライエントとの関係性を構築する際の面接技術について理解を深めていくことにする。

2. 関係性の重要さ

　まずは，クライエントとセラピストとの関係性の構築がどれほど重要

なのかについて整理する。

（1）心理療法における共通要因

　様々な心理療法においてその成功に寄与する共通要因として，関係性の重要性が指摘されている（Asay and Lambert, 1999）。学派や背景理論の違いによって着目点や介入法が異なっているにもかかわらず，一定の効果が得られる場合があるのは，この関係性が共通要因として寄与しているためと考えられる。また，認知行動療法において，同じ介入法を実施しても，セラピスト間で効果に違いがみられる場合があり，その理由の一つとして関係性の影響が挙げられている。一方で，これまでの効果研究やメタ分析を振り返ると，異なる心理療法間に有意な差異が見出されており，一般的には認知行動療法の効果が高いというエビデンスがある（Roth and Fonagy, 2005）。このことは関係性とともに，認知行動療法特有の介入法それ自体に効果があることを示すものといえる。

　こうした知見に基づくと，認知行動療法においても，関係性というその他のセラピーにも共通する要因と，認知行動療法に特化した技術要因（例えばアセスメント技術や行動変容・認知変容技術など）の両方が，クライエントの変化に寄与していると考えられる。

（2）認知行動療法における関係性：認知行動療法では関係性をどのように位置づけてきたか？

　認知行動療法ではクライエントとセラピストとの関係性自体がクライエント変化の十分条件とは考えていない。しかしながら，クライエントとの良好な関係性は，セラピーの効果を高める上できわめて重要な要素であると位置づけられており，ほかの主要な心理療法と同じように，認知行動療法セラピストも，誠実さ，温かさ，肯定的配慮，および的確な

共感を大切にしている（Beck et al., 1979）。さらに認知行動療法では，協同実証主義という関係性も重視している。協同実証主義とは，セラピストとクライエントが「協同」する形でタッグを組み，積極的にかかわりながら，「実証的」に，それぞれのクライエントの状況を理解し，また，クライエントにとって役立つ行動や認知のレパートリーを試しながら，症状の緩和や問題解決を試みていこうとするものである。さらに，これまでの研究知見においても，認知行動療法実施時における関係性が治療効果に影響を有するという報告がなされている。例えば，①セラピストとクライエントとの間の作業同盟の程度，②セラピストのクライエントに示す共感的理解の程度，③クライエントが介入に積極的に参加したいと思えるような動機づけのある関係性の程度，などが治療効果を高める可能性が示唆されている。

3. 関係性を構築するための面接技術：どうすれば援助的な関係性が築けるのか

　それでは，認知行動療法において関係性を構築するためには，どのようにすればよいのであろうか。効果的な関係性構築のためにセラピストに求められる指針として，①クライエントが自身の問題を理解していけるよう援助できること，②クライエントが苦しめられている状況がどのようなものであっても，それに向き合っていけるようにクライエントを励ましていけること，③クライエントへの理解を示しながら話をすすめていけること，などがあげられている（Raue & Goldfried, 1994）。しかしながら，こうした指針を実施する際に必要となる面接技術は，認知行動療法の学習過程で詳述されることは少ない。なぜならば，こうした面接技術は認知行動療法を学ぶ前に習得しておくべき基礎的な必須技術として位置づけられているためである。そこで，ここでは，認知行動療法

実施前に学ぶべき有益な内容として，第一に共感的理解の大切さ，第二にマイクロカウンセリングの基本的かかわり技法，第三に動機づけ面接について紹介する。

（1）クライエント中心療法が重視する基本原則（共感的理解の大切さ）

　認知行動療法でも関係性構築の指針として，ロジャーズ（Rogers, C.R.）の業績を学ぶことは有益である。ロジャーズは臨床家の在り方として，共感的理解，自己一致，無条件の肯定的関心（配慮）という態度で臨むことを奨励した。認知行動療法での関係性構築においても，この3つの態度は重要なものと考えられるが，その中でもエビデンスにより最も支持されている共感的理解について詳しく紹介する。

　共感とは「セラピストがクライエントの私的な知覚の世界に入っていく能力」とされ，「瞬間瞬間に，クライエントの内面に流れていて絶えず変化している，感じられた意味に敏感であること」と定義されるものである（Rogers, 1980）。そのため共感的理解とは，クライエントの置かれた状況や心境（考え方や感じ方）をクライエントの立場に立って，できるだけ実感が伴うように想像しながら理解に努め（一方で，セラピストである自分がクライエントとは別の人間であるために，想像に限界やずれがあることも前提としつつも），その理解を伝え返す（もしずれていたら指摘してもらうという）一連のプロセスであり，クライエントの体験世界を理解しようとするかかわり方である。これまでの効果研究では，共感の程度がセラピーの結果に影響しているというエビデンスがあるばかりでなく（Miller et al., 1980），関係性構築を主な手段とするセラピー以上に，認知行動療法において共感とセラピー結果との関係性がより強く示されたことが報告されている（Bohart et al., 2002）。このことは共感的理解が，認知行動療法の肝となるクライエントのアセスメ

ントおよび適切な介入を行う上で特に重要となる要素となっている可能性を示唆するものである。

　なお，こうした共感に基づく理解と介入の重要性については，行動療法についての以下の記述（山上，2001）とも重なるものといえよう。

　　　行動療法は，「クライエントの訴えはどのようなことであるのか，どこがどのように苦痛であり，問題になっているのか，というように具体的に，体験として，問題を把握する。そして，それがどのようになれば苦痛が軽くなるのかという見方をして，そのために，どのようなことを対象にしてどのような方法でどのような体験をもたらせばよいのかを検討して，それを具体的に示し，体験を支えて，体験をもたらすことで治療を行う」。

（2）関係性を構築するための面接技術（マイクロカウンセリングを題材として）

　それでは，共感的理解に基づき，クライエントとの関係性を構築するためには，どのような面接技術が必要となるであろうか。これについては，さまざまなカウンセリングの訓練モデルによって提唱されており，そのエビデンスも支持されている。その中で，本章ではアイビー（Ivey, A.）によるマイクロカウンセリングに基づいて紹介する。

　マイクロカウンセリングでは，カウンセリングで用いるコミュニケーションスキルを，クライエントにかかわり，わかろうとする際に用いる「傾聴技法（基本的かかわり技法）」，クライエントをリードし，変化を促そうとする際に用いる「積極技法」，両技法を適切に用いるための「統合技法」の3段階でまとめている（福原他，2004）。このうち，傾聴技法（基本的かかわり技法）が関係性構築のための面接技術であり，具体的には，①かかわり行動，②クライエント観察技法，③質問，④はげ

まし・いいかえ・要約，⑤感情の反映，などがあげられている。なお，積極技法は，認知行動療法における変容を促す介入時に関連する面接技術であるが，関係性構築を題材とする本章では傾聴技法について主に紹介する。

① かかわり行動：傾聴の基礎をなすもので，クライエントの会話を促す機能を有する非言語的・言語的なセラピストの態度（かかわり方）である。主に，視線の合わせ方，声の調子，言語的追跡，身体言語の4つの指標に着目がなされる。それらのクライエントに与える影響や面接に及ぼす影響については文化や個人によって異なるものの，セラピストはその影響性に気を配りながら，面接を進めることが推奨されている。

視線は，クライエントが「セラピストが自分の話を聴いてくれている」と実感できる重要なサインの一つである。そのため，適時，クライエントを見ていることが望ましい。ただし，目線の合わせ方の適切さは人や抱えている問題によって異なるため，自分の目線の影響について配慮することが大切である。

声の質は，クライエントに対する関心や配慮が表現されやすいものである。例えば，クライエントにとって威圧的に聞こえないか，クライエントの理解が追い付かないほど（それを軽視していると感じられるほど）一方的に早口で説明していないかを振り返ることも有益である。

言語的追跡とは，クライエントが伝えようとしている話題をよく聴き，それに寄り添う態度である。同意なく，もしくは不用意に，クライエントの話題を超えて，セラピストが話したい（別の）話題に展開させてしまっていないかを振り返るとよい。

身体言語はセラピストの姿勢や表情からクライエントに伝わるメッセージである。一般的には，セラピストがクライエントの動きと調子を合わせて，面と向かい合い，少し前かがみになる姿勢（聴いていること

を伝えようとする）などの「人が真剣にかかわろうとする際に自然にとる態度」でいれていることが望ましい。

② 　**クライエント観察技法**：クライエントの非言語的行動と言語的行動に着目する技術である。たとえば，クライエントは自らの状態をどのような言葉で表現するのか，どのようなことを考えて苦しんでいるのか，その際にはどのような感情が語られたり，身体的反応が生じているのか。この観察技法により，クライエントの体験を理解し，アセスメントの重要な情報を得やすくなる。

③ 　**質問技法**：質問には，開かれた質問，閉ざされた質問がある。閉ざされた質問は“はい”“いいえ”もしくは一言で答えられる質問，開かれた質問は一言では答えられない（クライエントが自分自身の言葉で自由に答えられる）質問である。これらはそれぞれの特徴や活かしどころを理解した上で，クライエントが語る内容を深め，豊かにしていくために用いられる。例えば，閉ざされた質問は「あなたは落ち込みに困って来たのですね？」などが具体例であり，特定の情報の確認や理解のポイントが把握できているかのチェックにも有効である。一方，開かれた質問は「今日はどんなことでいらっしゃいましたか？」などが具体例であり，クライエントはより自由に，自分自身の言葉で話したいと思う内容を話しやすくなる。

④ 　**はげまし技法・いいかえ技法・要約技法**：これらの3つの技術は，共感的理解を促し，理解した内容をクライエントに伝え返して，明確化していくために用いられる。

　はげましは，クライエントが話を続けやすくするための合いの手（サイン）の機能を持つ応答技術である。たとえば，“うんうん”，“そうでしたか”などの短いフレーズ，クライエントが使った言葉の一部の繰り返しなどが当てはまる。

　いいかえは，クライエントが話したことの要点をセラピストの言葉を用いてクライエントにフィードバックする応答技術である。セラピストはクライエントの言った言葉やその内容の要点を明確にする。セラピストが理解した要点をセラピスト自身の言葉で表現しなおす（置き換える）ことで，セラピストの理解の正確さをクライエントに確認することができる。

　要約は，いいかえと似ているが，それと比べると比較的長いスパンや内容（たとえば，そのセッション全体や数セッションなど）におけるポイントを要約し明確化する応答技術である。クライエントとセラピスト双方にとって面接で何が起こっているかについての考えを整理統合することができる点で役立つだけでなく，適切な要約は共有した内容を踏まえて，新しいトピックへ移行するための節目にもなる応答技術である。

⑤　感情の反映技法：クライエントによって言語的もしくは非言語的に表現される感情をくみ取り，もしくは推測し，それを言葉で伝え返す応答技術である。この技術を適切に用いるためにはクライエントの置かれた状況や心境を，推測し，理解する必要がある。自分の感情が適切に言語化されるとクライエントは「わかってもらえた」と感じ，関係性が一層に育まれていくものである。また，クライエントが言語化できている感情だけでなく，クライエントの置かれている状況を想像したり，観察を通して得られる感情（まだ言葉では語られていないものの経験していることが想定される感情）にも着目することが重要である。

　マイクロカウンセリングのこうした傾聴技法を土台としたかかわりは，クライエントとセラピストとの関係性を育むことで，認知行動療法実施時においてもその効果を一層高めることが期待できる。

（3）動機づけ面接（クライエントが変化することの大変さへの理解・配慮・対応）

　動機づけ面接とは「変化をしたい気持ちがある一方で，できない，もしくは，（まだ）したくないという気持ちもある」というアンビバレントな葛藤を抱えるクライエントに働きかけ，行動変化に対する抵抗を減らし，内発的動機づけを高めることで，クライエント本人が望む方向性にすすむこと（変わること）ができるように支えるためのアプローチである（Miller & Rollnick, 2013）。面接のスタイルとしては，クライエント中心療法の基本的発想と面接技術に基づきながら，上述の目的を達成するために，（特に変化の方向性が定まった後は）変化を支えるためにより選択的に応答する目的志向的な一面を有する手法でもある。また，様々な場面における有効性がエビデンスからも支持されており，認知行動療法とも併用可能なアプローチと考えられている。

　動機づけ面接では，受容と共感に基づく関係性の中で，クライエント本人の価値観を理解・尊重しながら，その人自身がもつ変わる理由を引き出し，明確化していく。そのための原則としては，①クライエントがなぜ変化したいと考えているのか（逆に，なぜ変化したくないと考えているのか），さらにどのような状況や心境であれば変化できそうか（できなさそうか）といったクライエント自身の変化に対する動機（思い）を聴き，理解するように努めること，②クライエントの価値観（大切にしたい生き方）を理解するように努めた上で，もしあるようなら問題が維持される状況とそうした元来の価値観との矛盾に気づけるように関わること，③クライエントに生じる変化への抵抗や葛藤にも耳を傾け，それを当然のものとして理解しながら，新しい見方や問題解決を探り，変化が生じやすくなるようにクライエントの自己効力感を育み，支えるかかわりをすること，などが重視されている。

　動機づけ面接を実施するためには，①スピリット，②面接の進め方，③基本となる面接技術（OARS），④チェンジトークに対する面接技術，について理解しておくことが有益である。

　スピリットとは，面接実施に先駆けて，クライエントに対して持つべき4つの基本的な態度を示したものである（図3-1）。

　また，面接の進め方とは，自分が動機づけ面接を用いてクライエントとかかわる際のプロセスを4段階で概観したものである。基本となる面接技術（OARS）とは，動機づけ面接の全プロセスで用いられる（核であり，基礎となっている）4つの面接スキルである。チェンジトークに対する面接技術とは，OARSを基礎としながらも，変化を目指しはじめたクライエントに対して，その変化をより促す応答技術である。

　以下，面接プロセスにおける4つの段階ごとに，その特徴をまとめるとともに，各プロセスで重視される面接技術のエッセンスを紹介する。

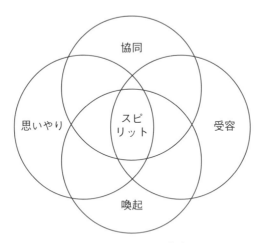

出典：Miller & Rollnick, 2013：原井，2019より作成

図3-1　動機づけ面接のスピリット

なお，実際の面接ではこのプロセスは直線的に進むこともあれば，行き
つ戻りつすることもある。

　第一プロセスは「かかわる」段階である。この段階では，クライエン
トと信頼関係に基づく作業同盟を構築することが重視される。第二プロ
セスは「フォーカスする」段階である。この段階では，クライエントが
進みたいと思う方向を模索し，ゴールを共有することが重視される。第
一プロセスと第二プロセスで主に重要となるのが，基礎となる面接技術
とされる「開かれた質問（O：Open-ended question）」，「是認（A：
Affirmation）」，「聞き返し（R：Reflective Listening）」，「要約（S：
Summarize）」である。「開かれた質問」とは，上述したように「はい，
いいえ」などの答えが制限された形式ではないクライエントが自由に答
えられる質問である。この質問を用いることで，クライエントを特定の
方向に導くことなく，どの方向にすすんでいきたいかをクライエント自
身が模索する機会を提供することができる。「是認」とは，本人の資質
や変化につながる前向きな発言や考え方に気づき，認め，理解を示す応
答技術である。「聞き返し」とはクライエントが述べたことに対して言
葉を選んで応答する技術である。オウム返しなどの単純な聞き返しもあ
れば，直接述べられなかった意味について推測するような言いかえや強
調表現や両価性のある聞き返しなどの複雑な聞き返しもある。「要約」
は前述の通り，クライエントが表現した一連の内容をまとめて，整理
し，要点を伝え返す技術である。

　第三プロセスは「引き出す」段階である。この段階では，クライエン
トが進みたいと思うゴールに向けて，クライエントの動機づけを引き出
すようなかかわりを重視する。このプロセスで重要となる面接技術は，
上述した「開かれた質問」，「是認」，「聞き返し」，「要約」に加えて，
「チェンジトーク」にまつわる対応である。「チェンジトーク」とは，本

人が望む目標への変化につながる発言である。このチェンジトークに気づき，または引き出し，それらに適切に応答していく技術が求められる。

　第四プロセスは「計画する」段階である。この段階では，クライエントにおける変化のターゲットを設定し，変化のための選択肢を検討し，計画する。そして，クライエントの変化への自信を支え，コミットメント（実行しようとする意思表示）を引き出していく。このプロセスで重要となる面接技術は，これまで用いられてきたものに加えて，「情報提供やアドバイスをする技術」や「コミットメント言語」に気づき，引き出し，適切に応答する技術である。「コミットメント言語」とは，「したい」，「できると思う」，「するつもりです」などの本人の動きにつながるチェンジトークであり，こうした言動に適切に対応できる技術が求められる。

　このように，動機づけ面接では各プロセスにおける目的に応じながら，「開かれた質問」「是認」「聞き返し」「要約」を基礎とする面接技術を用いて，選択的に聞き返すことでクライエントが望む変化の方向を明確化し，それにすすみやすくなるように支えていく。そのため，こうした面接技術をかかわりのレパートリーとして持っておくことは，動機づけが充分でないクライエントに対する認知行動療法導入時の関係性構築に有益なだけでなく，導入後の端々においても役立つ技術となる。

4．おわりに

　本章では，認知行動療法を効果的に実施していく際に重要視されながらも，認知行動療法の枠組みでは具体的に取り上げられることの少なかった「クライエントとの関係構築の基礎となる面接技術」について代表的なものを紹介した。こうした面接技術を参照枠として用いることに

より，自らが提供している面接の特徴やその機能を改めて振り返ることが可能となる。こうした振り返りを通して，セラピスト自らの面接に関する認知や行動（非言語的・言語的な面接時の言動）をモニターしながら面接行動のレパートリーを増やしておくことは，それぞれの場面におけるそれぞれのクライエントに適した効果的な認知行動療法の提供を支える技術となる。

1. 日常的な会話（もしくは面接時）における自分自身の言動をモニターしてみよう。そのうえで，マイクロカウンセリングで紹介した各面接技法について，どの程度，またどのように用いているのかを振り返り，人と接する際の（もしくは面接時の）自分の癖を振り返ってみよう。
2. 引用文献もしくは参考文献を読み，動機づけ面接について詳しく調べてみよう。

引用文献

- Asay, T.P., & Lambert, M.J. (1999). The empirical case for the common factors in therapy: Quantitative findings. In M. A. Hubble, B.L. Duncan and S.D. Miller (eds.), *The Heart and Soul of Change: What works in Therapy*. Washington, D.C.: American Psychological Association, pp.33-55.
- Beck A.T., Rush A.J., Shaw B.F., et al. (1979). *Cognitive Therapy of Depression*, NewYork: Guilford Press.
- Bohart, A.C., Elliott, R., Greenberg, L.S., & Watson, J.C. (2002). Empathy In J.C. Norcross (ed.), *Psychotherapy Relationships that Work: Therapist Contributions and responsiveness to Patients*. New York：Oxford University Press, pp.89-108.
- 福原眞知子／アレン・E.アイビイ／メアリ・B.アイビイ『マイクロカウンセリングの理論と実践』風間書房，2004 年
- Miller, W.R., & Rollnick, S. (2013). *Motivational Interviewing：Helping People*

Change. 3rd. ed. New York: Guilford Press.（原井宏明監訳『動機づけ面接〈第 3 版〉上・下』星和書店，2019 年）

- Miller, W.R., Taylor, C.A., & West, J.C.（1980）. Focused versus broad‐spectrum behavior therapy for problem drinkers. *Journal of Consulting and Clinical Psychology,* 48, pp.590‐601.
- Raue, P.J., Goldfried, M.R.（1994）. The therapeutic alliance in cognitive‐behavior therapy. In: A.O. Horvath and L.S. Greenberg（Eds.）. *The working alliance.* New York: Wiley.
- Rogers, C.R.（1980）. *A Way of being.* Boston: Houghton & Mifflin.（畠瀬直子訳『人間尊重の心理学—わが人生と思想を語る』創元社，2007 年）
- 山上敏子「臨床手段としての行動療法」，こころの科学，99, pp.10‐19，2001 年

参考文献

- 原井宏明『方法としての動機づけ面接—面接によって人と関わるすべての人のために—』岩崎学術出版社，2012 年
- Jesse H. Wright, Monica Ramirez Basco, Michael E. Thase（2005）. *Learning Cognitive-Behavior Therapy-An illustrated Guide.* Washington, D.C.: American Psychiatric Publishing.（大野　裕監訳『認知行動療法トレーニングブック』医学書院，2007 年）
- Ledley. D.R., Marx, B., & Heimberg.R.（2005）. *Making Cognitive-Behavioral Therapy Work: Clinical Process for New Practitioners.* New York: Guilford Press.（井上和臣監訳『認知行動療法を始める人のために』星和書店，2007 年）
- Westbrook, D., Kennerley, H., & Kirk, J.（2011）. *An introduction to cognitive behaviour therapy: skills & applications, 2 nd ed.* London: Sage.（下山晴彦監訳『認知行動療法臨床ガイド』金剛出版，2012 年）

4 | 認知行動療法の基本技法（2）
―アセスメントとケースフォーミュレーション

下山晴彦

《**目標＆ポイント**》 認知行動療法を実施するための前提作業であるアセスメントとケースフォーミュレーションを分かりやすく解説する。問題が発生し，発展し，維持されている要因に関する情報を収集するアセスメントと，アセスメント情報を総合して問題を構成している悪循環を特定し，介入方針を策定するケースフォーミュレーションの手続きについて具体的に解説する。
《**キーワード**》 悪循環，機能分析，認知モデル，介入方針，説明と合意

1. はじめに

　心理的アセスメント（以下，アセスメント）は，心理支援の対象となる問題についての情報を収集し，分析をして問題が発生し，維持されているメカニズムについての作業仮説を生成し，支援方針を形成する作業である。したがって，アセスメントの定義は，「臨床心理学的支援を必要とする事例（個人または事態）について，その人格，状況，規定因に関する情報を系統的に収集し，分析し，その結果を総合して事例への介入方針を決定するための作業仮説を生成する過程」となる（下山，2008）。このようなアセスメントは，1）受付段階，2）準備段階，3）情報の収集段階，4）情報の分析段階，5）結果報告の段階から構成される。

　上記の4）情報の分析段階では，収集された情報を的確に整理・統合して問題の成り立ちを明確化し，心理支援の方針作成のための作業仮説

を生成する。この生成された作業仮説がケースフォーミュレーションとなる。ケースフォーミュレーションは，日本語の"見立て"に相当する。認知行動療法のケースフォーミュレーションは，情報分析にあたって認知行動療法の理論を利用することで，心理支援として認知行動療法を活用した介入方針を立てやすくするものである。実際，認知行動療法を実施するにあたっては，ケースフォーミュレーションに基づいて介入方針を決めて実行することになる。

したがって，ケースフォーミュレーションは，アセスメントと介入をつなぐ重要な役割をもつものである。本章では，このケースフォーミュレーションについて解説する。

2. アセスメントからケースフォーミュレーションへ

（1）アセスメントとケースフォーミュレーションの循環的発展

アセスメントでは，来談したクライエントの主訴を中心として，問題となっている出来事についての情報を幅広く収集する。問題に関する情報収集にあたって注意しなければならないのは，心理支援の対象となる問題はクライエントという一人の人間の心の内面でのみ起きるのではないということである。

私たちは，生物次元と密接に関わる身体を基礎として，心理的次元と密接に関わる認知や感情を通して，社会次元と密接に関わる対人関係を生きている。そのような場で問題が生じてくる。心理支援の対象となる問題といっても，心理的要素を独立させて考えるのではなく，常に生物的要素（身体・生理反応）や社会的要素（対人反応）との重なり合いを考慮して問題を見ていくことが重要となる。アセスメントによって収集された，このような情報を分析することで，ケースフォーミュレーションを生成する。

　しかし，アセスメントからケースフォーミュレーションへの移行は，単にアセスメントで得られた情報を分析してケースフォーミュレーションを生成するという一方向的なプロセスではなく，図4-1に示すように循環的に発展するプロセスとなる（Westbrook et al., 2011）。クライエ

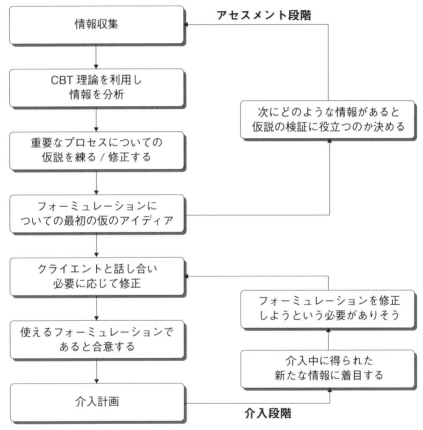

出典：Westbrook et all., 2011 より引用

図4-1　アセスメントとケースフォーミュレーションの循環的発展プロセス

ントと協働関係を形成し，問題に関連するデータを収集したうえで，認知行動療法の理論モデルを参照として問題を維持するプロセス（悪循環）に関する仮説を生成する。これでケースフォーミュレーションとなる。次にクライエントに作業仮説としてケースフォーミュレーションを提示して意見をもらい，それを参考に修正する。合意が得られたケースフォーミュレーションに基づき，方針を定めて介入し，その結果に基づき，さらにケースフォーミュレーションを修正していく。

（2）ケースフォーミュレーションの定義

　アセスメントで得られる情報は，たとえそれが正確で網羅的なものであっても，ただ羅列されていただけでは，介入方針を立てるのには役立たない。情報は，統合的に集約されることで，初めて実践上の意味を持つ。認知行動療法を的確に実践できるようになるためには，多様な要素と関わる情報を系統的に収集するとともに，それらを統合して問題の成り立ちを明確化して個々の事例に適した介入法を組み立てていく作業が必要となる。そのために必要となるのがケースフォーミュレーションである。したがって，アセスメントの情報分析段階の目的となるのがケースフォーミュレーションの生成である。

　Eells（1997）を参考に，ケースフォーミュレーションは「事例の当事者の心理的，対人的，行動的問題の原因，促進要因，およびそれを維持させている力に関する仮説であり，その人に関する複雑で矛盾した情報をまとめ上げる助けになるもの」と定義できる。つまり，ケースフォーミュレーションは，アセスメントによって得られた情報に基づいて形成された「問題の成り立ちについての仮説」であり，介入方針を定めるための作業仮説となるものである。

（3）ケースフォーミュレーションの特徴

　ここで確認をしておくべきことは，ケースフォーミュレーションと診断の違いである（Bruch & Bond, 1998）。診断は，DSMやICDといった一般的診断分類基準に従って患者の病気を客観的（操作的）に判断し，分類する。それに対してケースフォーミュレーションは，病気を含むクライエントの問題が成立し，維持されているメカニズムに関する仮説の提案である。診断では症状の客観的評価に基づき，病気の確定が目指される。それに対してケースフォーミュレーションでは，病気という一般的分類ではなく，問題の個別状況に即して問題の成り立ちを探り，介入方針を定めるための参考仮説となることが目的である。患者の主観的見解を含めた多面的要因が絡み合いながら時間経過とともに変更されることが前提となる。

　さらに診断との違いとして，ケースフォーミュレーションはクライエントと協働して生成するということがある。診断は，医師が診断分類や診断マニュアルに従って判断をするのである。それに対してケースフォーミュレーションは，ある程度アイデアができてきたらセラピストは，クライエントに対してそれを仮説として提示し，説明をして意見を出してもらう。何が問題であり，その問題はどのようにして成立し，どのように維持されているのかについての見解を分かりやすく説明する。

　その見解は，あくまでも仮説であり，クライエントとの話し合いを通して修正されるものであることを強調する（下山，2017）。このような話し合いを通してセラピストとクライエントとが協力して問題解決に当たるための協働関係が生成される。また，クライエントは，問題の成り立ちについて理解し，介入の方針に納得することで問題解決への動機づけが高まる。以上の点をまとめると表4-1となる。

表4-1　ケースフォーミュレーションとは

▶**定義：問題の成り立ちを説明する<u>仮説</u>**

　　※成り立ち＝問題がどのように発現し，維持されているか

・アセスメント情報を整理し，再構成することによって，問題が発展し，具体的な問題行動として発現し，維持されているプロセスに関する仮説として生成されたもの。

・当事者や関係者と協働して情報を収集し，全員が納得できるフォーミュレーションを生成する（協働関係）。

・病気の診断ではなくて，問題についての「臨床的理解」を作成するもの。それに基づく介入の作業仮説を生成することを目的としている。

（4）ケースフォーミュレーションの進め方

　第1段階では，問題に関連する情報に基づいて，介入のターゲットとなる問題を特定化していく。第2段階では，その問題を生じさせている要因と維持させている要因を探り，問題の構造に関する仮説を生成する。ここでは，第1段階で特定した問題に関して，さらに詳細な事実を収集し，認知行動療法の理論を利用して問題が維持されているメカニズムを明らかにしていく。

　第3段階では，前段階で生成された仮説の妥当性を検討し，ケースフォーミュレーションを完成させ，介入方針を立てる。そして，それをクライエントに説明し，介入方針を話し合う。ここでは，問題のメカニズムに関して，クライエントに適切に説明できるように仮説を洗練させていく。第4段階では，介入の方法と手続きについてクライエントの合意を得た後に，介入を開始する。説明と合意を得た介入手続きに基づいて適切に介入を実施し，その結果をモニターする。

　最後の第5段階では，介入によって問題がどの程度改善されたのかといった効果を測定・評価し，その結果に基づき，必要に応じてケース

フォーミュレーションを修正する。最終的には，この介入効果の評価と修正を繰り返して，より効果的な介入に発展させていく。

3. ケースフォーミュレーションの種類

（1）2種類のケースフォーミュレーション

　ケースフォーミュレーションは，簡単に言えば「問題の成り立ちについての仮説」である。この問題の成り立ちは，実は2つの次元がある。ひとつはミクロな次元であり，もうひとつはマクロな次元である（下山，2017）。

　ミクロな次元は，現在起きている問題についてのケースフォーミュレーションとなる。クライエントは，通常，現在起きている問題に苦しみ，それを解決するために来談する。自分でもなんとか問題を解決しようとしたが，解決ができずに来談したといえる。その問題が解決できずに維持（あるいは悪化）してしまっている事態の成り立ちを明らかにするのが，ミクロなケースフォーミュレーションとなる。現在起きている問題には，現在の時点で把握できる要因が関わっている。したがって，その要因を把握できれば，そこに介入し，その要因や要因間の関係を変化させることで問題の解決を図ることができる。その点で認知行動療法は，このミクロなケースフォーミュレーションを優先して理解することを目標とする。

　しかし，問題は，現在の時点で急に生じたものではない。おそらく過去の様々な出来事が重なり合って今に至って深刻な問題になっている。したがって，現在の問題の成り立ちを把握するためには，その問題はどのような経緯で発展してきたのかということを知る必要がある。マクロなケースフォーミュレーションとは，このような問題の発展の経緯についての仮説である。

（2）問題の特定からミクロなケースフォーミュレーションへ

　セラピストは，最初に，現在経験している問題について自分のことばで説明するようにクライエントに求める。クライエントは，それに応じて自分自身として何を問題と考えているのかを語る。ここでは，家族，友人，あるいは専門家の見方ではなく，クライエント自身の見方が問われる。セラピストは，クライエントが問題を特定化し，それを具体的に説明できるように援助する。

　例えば，クライエントが「生きていても意味がない」と言ったとする。それに対してセラピストは，「それは，あなたにとって具体的にどういうことなのですか」「あなたの人生は，どのように意味がないのでしょうか。具体的な例を挙げて説明してください」「生きていても意味がないと考えることは，将来の希望や目標にどのような影響を与えますか」といった質問をし，クライエントが語った「生きていても意味がない」という表現がどのような事態を示しているのかを具体的に明らかにしていく。

　その具体的に特定化された問題が介入の標的（ターゲット）となる。問題の具体的状況が分かっていれば，明確な介入目標をたてることができる。目標が明確であればあるほど，クライエントにとっても，介入の目的が理解しやすくなるとともに，クライエントがその目標を達成できる可能性が高まる。

　このようにクライエントが問題と介入目標をどのように考えているのかを丁寧に，しかも具体的に聞いていくことによって，セラピストは，クライエントとの間に協働関係を形成するとともに，クライエントの問題解決に向けての動機づけを高めていく。動機づけについては，第3章で解説した。

（3）機能分析に基づくミクロなケースフォーミュレーション

　介入する問題を特定化したならば，次にその問題を維持させているプロセスを明らかにし，問題のフォーミュレーションを生成していく作業に入る。ここで重要となるのが機能分析である。機能分析は行動療法系のケースフォーミュレーションにおいて重視される技法である。

　機能分析は，心理的問題を引き起こす要因となっている変数を特定する方法である。図4-2に示すように機能分析を行うために次の3点についての情報を収集する。

- ・問題を引き起こす刺激
- ・刺激に対するクライエントの反応，つまり刺激によって引き起こされる不適切な反応
- ・その反応から引き起こされる結果

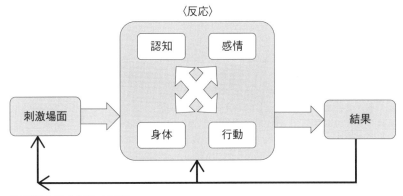

①問題を引き起こす刺激
②刺激に対する反応，つまり刺激によって引き起こされる不適切な反応
③その反応の結果起きる事柄によって問題が維持されている
④不適切な反応は，刺激と結果から切り離して理解できない

出典：下山，2017より引用

図4-2　機能分析⇒ミクロなケースフォーミュレーション

　認知行動療法では，第1章で説明したように不適切な反応は，それを引き起こす刺激とその後の結果から切り離すことはできないことが前提となっている。その点で，刺激―反応―結果で示される随伴性が，問題行動を形成し，維持しているプロセスを構成しているとみなす。

　機能分析に基づいてミクロなケースフォーミュレーションを形成するためには図4-3のような枠組みで情報を分析していくと，その問題を維持させている悪循環がみえてくる。図4-4には，問題を維持している悪循環を図式化してケースフォーミュレーションとして示したものである。実際の事例の場合には，ミクロなケースフォーミュレーションであってもこのように単純ではなく，認知，感情，身体，行動についても各要素もさらに複数の下位要素に分かれ，それらが複雑に絡み合って動きが取れなくなっていることが多い。また，環境からの刺激が多岐にわたり，複数のミクロなケースフォーミュレーションが複雑に絡み合って

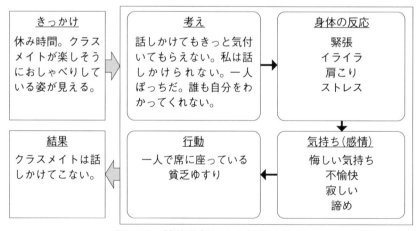

図4-3　機能分析による情報の整理

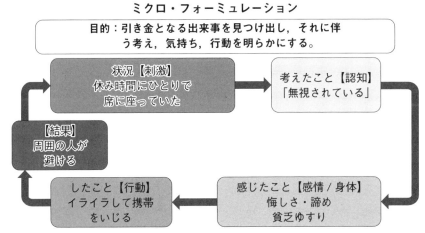

出典：下山，2017より

図4-4　図式化したミクロなケースフォーミュレーションの例

混乱した事態になっていることも多い。

（4）問題発展に関する情報とマクロなケースフォーミュレーション

　機能分析をした後に，介入の標的となる問題行動がどのように発展してきたかに関する情報を収集する。この情報に基づいてマクロなケースフォーミュレーションを生成する。このようなマクロな次元の情報のなかには，これまで専門家への相談歴や治療歴があるのか，あるとすればそれはどのような内容であったのかといったことが含まれる。

　問題行動の発展経過を探るのに当たって注意したいのは，“問題の発生”と“問題の発展”を区別することである。“問題の発生”に関する情報は，問題が最初にどのような事情で始まったのか，問題の開始はどのような事情と関連しているのかということである（下山，2017）。

　“問題の発展”に関する情報は，クライエント，あるいは配偶者や家

族といった関係者が現在起きている問題の形成経過をどのようにみているのかということである。例えば，「失職してから，さらに具合が悪くなりました」というのは，問題の発展に関することである。それに対して「最初に問題が起きたのは，高校時代にいじめがあり，それで不登校になったことでした」ということがあれば，それが問題の発生に関することになる。

このようなマクロな次元は，素因→発生要因→発展要因に分けて情報を整理して経緯を理解することができる（図4-5）。

生まれつきの要因である素因は，遺伝，体質，発達初期経験，家族環境等の問題がある。素因は，気づいた段階で，物心がついた段階でもう背負わなければならないものである。自分で何とかしようとしても，すでにそうなっていたものである。発達障害は，現代においてしっかり考えなければならない素因の問題である。家庭環境も同様で，小さい頃に虐待を受けていたということも，背負わなければならない素因である。物心ついた時に両親の仲が悪いことや，世代間伝達で親がずっとアル

アセスメントは個別問題行動（ミクロ）から問題の全体（マクロ）へ

◇現在の問題行動を維持する悪循環（ミクロ）
　◆刺激—反応—結果

◇問題の全体：素因→発生要因→発展要因（マクロ）
　◆素因：遺伝，体質（＊発達障害），家族関係（＊虐待），世代間伝達
　◆発生要因：失敗，病気，勉学のつまずき，いじめ　など
　◆発展要因：周囲の無理解，不適切な介入（専門家によるも含む）　など

出典：下山，2017より

図4-5　現在から過去へ，そして現在の問題の成り立ちへ

コール中毒であることなども，素因として背負っていかなければならない。

　発生要因は，何かの失敗や病気，勉学のつまずき，あるいはいじめなどで問題が起きてくる。ただし，素因があり，発生要因が起こったとしても，そこで，本人や周りが適切に対処することができていれば問題は改善される。問題を上手に対処するスキルを学び，成長していく。多少の失敗でも，多くの人はそれで成長していく。

　しかし，それがうまくいかない，むしろ悪い影響を与えると，発展要因として問題が悪化していく。発展要因としては，周囲の無理解であるとか，不適切な介入などが挙げられる。この不適切な介入には残念ながら専門家によるものも含まれる。近年では発達障害関連の問題では，問題が生じた後に，不適切な診断，治療，介入が行われて問題が悪化し，複雑化するということがよく見られる。発展要因として専門家が関わっている可能性は忘れてはならない事柄である。

（5）スキーマ分析に基づくマクロなケースフォーミュレーション

　"スキーマ"（schema）とは，心的活動を行う際の抽象的な見取り図である。それは，情報を想起したり解釈したりするための構造として，また問題解決のために構築された枠組みとして機能している。スキーマは，乳幼児期から形成され始める。そして，一度，形成されたならば，その人の情報処理や行動を導く役割を果たすようになる。具体的には，その人が自己・他者・世界についてどのように考え，感じ，振る舞うかを決定する。このようなスキーマは，階層構造を成している（Curwen et al., 2000）。

　スキーマの体系の根底に不安を喚起するような信念をもつ人は，さまざまな状況において不安が喚起されやすい。認知行動療法では，そのようなスキーマ体系の根底にある信念を認知モデルの中核に据え，それを

中核的信念（core belief）と呼ぶ。中核的信念（思い込み）は，階層構造の根本にあるがゆえに，その人の人生の大部分に影響を与えることになる。日頃意識する自動思考と中核的信念の間にあるのが，媒介的信念（先入観）となる。これは，ある程度意識化は可能であるが，中核的信念が変化しなければ変更が難しい。

　したがって，認知行動療法では，中核的信念を含むスキーマの変更を介入の根本原理とする。このような観点から媒介的信念（先入観）や中核的信念（思い込み）を明らかにしていく。図4-6に示すように素因や初期経験が中核的信念の形成に深くかかわっている。人生のある段階

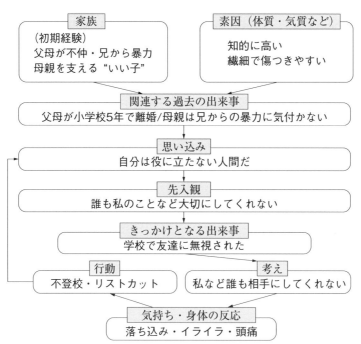

図4-6　スキーマ分析に基づくマクロなケースフォーミュレーションの例

で，問題の発生要因や発展要因が刺激となって中核的信念が活性化され，非機能的な自動思考が固定化され，問題行動が維持されてしまうとされる。

　中核的信念の変化を促す介入が，認知の再体制化である。思考記録表などを用いて，クライエントが自己の思考をモニターできるようになるのを支援する。図4-6に示す情報を整理し，マクロなケースフォーミュレーションをクライエントと共有し，認知の再体制化を進める。この認知の再体制化について，スキーマの根底にある中核的信念に焦点をあてて介入を行うのがスキーマ療法である。スキーマ療法については，第13章で解説する。

4. おわりに

　ケースフォーミュレーションは，認知行動療法においてはアセスメントと介入をつなぐ機能を持つ。その点で実践の核となる要素である。それだけでなく，認知行動療法を的確に実践するための機能をもっている。

　ケースフォーミュレーションは，クライエントには偶然生じた出来事のように思われていた問題を，その成り立ちと維持のプロセスを理解できることで，"意味あるもの"に変化させる。また，図式化して示すことで，問題を外在化することができる。それによって，クライエントは，問題の悪循環から一歩外にでることができ，介入に向けての理論的根拠を得ることで問題解決に向けての動機づけを持つことができる。問題の発展や維持に関する理論と患者の個人的体験と結びつけ，クライエントの置かれた具体的状況に即して認知行動療法を実践していくことが可能となる。

68

1. 自分が関わっている出来事で，日頃から問題と感じている事柄をひとつとりあげてみよう。そして，それがどのような場面で起きているのか。それが起きたとき，どのようなことを考えるのか，そのときの感情，身体反応，行動はどのようなものかを見直してみよう。
2. その出来事において，自分の行動の結果，それが周囲にどのような影響を与えたのかを見直してみよう。そして，そこに問題を維持している悪循環がないか探ってみよう。

引用文献

- Bruch, M., & Bond, F.W. (1998). Beyond Diagnosis: Case formulation approaches in CBT: John Wiley & Sons.（下山晴彦監訳『認知行動療法　ケースフォーミュレーション入門』金剛出版，2006 年）
- Curwen, B., Palmer, S., and Ruddell, P. (2000). Brief cognitive behaviour therapy: Sage Publications.（下山晴彦監訳『認知行動療法入門』金剛出版，2004 年）
- Eells, T.D. (ed), (1997). Handbook of Psychotherapy Case Formulation: The Guilford Press.
- Westbrook, D., Kennerley, H., & Kirk, J. (2011). An Introduction to Cognitive Behaviour Therapy: Skill and Applications: Sage Publications.（下山晴彦監訳『認知行動療法臨床ガイド』金剛出版，2012 年）
- 下山晴彦『臨床心理アセスメント入門』金剛出版，2008 年
- 下山晴彦監修『臨床心理フロンティアシリーズ　認知行動療法入門』講談社，2017 年
- 下山晴彦『臨床心理学をまなぶ2　実践の基本』東京大学出版会，2014 年

5 | 認知行動療法の基本技法（3）
―心理教育・モニタリング・行動活性化法

松永美希

《目標＆ポイント》　認知行動療法を始めるにあたり必要となる，心理教育と
セルフモニタリングの技法について事例をもとに解説する。また行動活性化
法では，問題を停滞させているパターンを特定し，少しずつ生活を変化させ
ていく方法について解説する。
《キーワード》　心理教育，問題理解，モニタリング，行動活性化法，回避行
動パターン

1. 認知行動療法を開始する：心理教育

　認知行動療法を開始するにあたっては，クライエントとセラピストが
ともに，クライエントが抱えている問題を理解し，その問題の解決に向
けて方針を話し合ったうえで面接をすすめていく場合が多い。そのなか
で，クライエント自身が問題理解を深めること，また認知行動療法とい
う心理療法を理解することを目的に「心理教育」が行われる。心理教育
の内容には，「①問題となる病気・疾患についての知識」，「②認知行動
療法の説明」，「③ケースフォーミュレーション（以下ではCFと表記）
と今後の方針に関する説明」などが含まれる。
　ここでは，次のような，うつ病と診断された事例をもとに，心理教育
について説明する。
《事　例》
　藤井さんは北欧家具を輸入・販売する会社に勤める30代男性。昨年

の春に新規プロジェクトのリーダーを任されて，数名の部下とともに新規事業に取り組んでいた。部下を持つことに不慣れだった藤井さんは，多忙になっても部下にうまく仕事を頼むことができずに，次第に一人で抱え込んで残業する日々が多くなった。

藤井さんは結婚5年目で，フルタイムで働く妻と4歳になる娘がいる。それまで娘の育児にも積極的だったが，帰宅が遅くなることが増え，妻からも育児に協力的でないことについて不満を言われるようになった。

夜はなかなか寝つけない日も多く，寝ても早朝に目が覚めてしまうことが多かった。週末も，それまでの趣味だった自転車に乗ることもほとんどなくなり，自宅で横になっていることが多くなった。

同じ年の6月，プロジェクト内の連携ミスにより，書類の数値が誤っており大量に納品されるというトラブルが起こった。このことをきっかけに，藤井さんは仕事中も「自分のせいで大きなトラブルを起こしてしまった」，「自分にはリーダーとしての能力がない」，「このままでは降格するだろう」と考えることが増え，集中できなくなっていった。様子を気にかけた妻の勧めで，精神科クリニックを受診したところ，うつ病と診断され，薬物療法を受けることになった。また仕事もしばらく休職することになった。

休職してからは夜も眠れるようになったが，昼間に自宅にいると，「自分は仕事もせずになにをしているのか。情けない人間だ」と考えて，気分が落ち込み，気力もわかずにソファーに横になって過ごしてばかりだった。

＊

たとえば，うつ病と診断された藤井さんのような場合，①ではうつ病に関する一般的な病態や治療法について説明する。最近ではうつ病をはじめとした精神疾患に関する情報は，インターネットやマスメディアを

通じて普及しているが，間違った知識が広がっていることも多くある。「主治医などから病気の説明をどのように受けていますか？」などと質問しながら，病気への知識や理解を確認し，正確な情報を伝えていく。病気への正しい理解は，治療の動機づけとなる。また必要に応じて，薬物療法の作用機序や重要性についても説明しておくとよい。うつ病の場合，軽症を除いては，認知行動療法をおこなうにあたって薬物療法との併用が推奨されていること（例えば，日本うつ病学会治療ガイドライン，2016）や，症状が落ち着いてきても再燃・再発を防ぐために服薬を続けることが重要であることを伝える。

　②の「認知行動療法の説明」では，クライエント本人が実際に体験したことを例に挙げながら，認知モデルや機能分析の枠組みに沿って認知行動療法の基本的な考え方を伝えていけるとよい（図5-1）。そして，

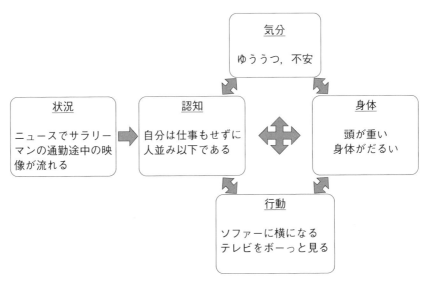

図5-1　心理教育での認知行動療法モデルの説明（藤井さんの例）

それらをうけて，③の「CFと今後の方針に関する説明」についてセラピストの考えを伝えつつ，クライエントと話し合っていけると良い。

また認知行動療法に限らず，心理療法をはじめて受けるクライエントには，「心理療法（もしくは認知行動療法）にどんなイメージを持っているか？」を尋ねておくことも大切だと感じる。クライエントによっては，「セラピストがアドバイスをくれるもの」，「数回話をすれば自分の症状は魔法のように良くなる」というように高い期待を持っているクライエントもいる。実際の面接との乖離が大きいと，クライエントの不満が高まり，ドロップアウトにつながる可能性が高い。筆者も以前体験したクライエントから，「心理療法はセラピストが答えをくれるものだと思っていたが，そうではなく，セラピストは一緒に山を登ってくれるような存在なんですね。」と言われてハッとしたことがある。特に，認知行動療法ではクライエントに自立性や能動性を求める面接スタイルとなるため，介入の初期において，心理教育と合わせて，クライエントがセラピーに求めることの確認やセラピストが提供できるものとのすり合わせを行いながら，クライエントと協働的な関係を築くことを目指す。

2. 自分の行動を観察する：セルフモニタリング

セルフモニタリングとは，自分の行動や態度，気分，思考などを観察し記録することによって，自分の状態について具体的で客観的な気づきをもたらすような手続きをいう（坂野，1995）。自分の状態を観察・記録することで，症状や悩みを外在化するという狙いがある。

またセルフモニタリングには，自分の状態に気づくという効果のほかにも，モニタリングすること自体が行動のコントロールに役立つということもある。例えば，強迫症のクライエントで手洗いの強迫行為が続いている場合は，手洗いをしたときのきっかけや時間，回数などを記録す

ると，それまで自動的に手洗いをしていたクライエントも，手洗いの回数が減ったり，手洗いまでの時間が長くなることもある。身近な例だと，家計簿や食べたものの記録など，自分の行動を観察・記録することで適切な方向に行動が修正されたという経験は多くの人に思い当たるであろう。

　図5-2は藤井さんの気分と活動のセルフモニタリングの記録例である。うつ病は気分の障害であるので，気分のセルフモニタリングから取り組んでもらうことが多い。うつ病のクライエントの多くは，毎日，一日中，憂うつな気分を経験しており，ずっと最悪な気分が続いていると思っている。しかしながら，実際は少し気分が上向きになり，気分の変化も感じている。

	月曜日 6月3日	火曜日 6月4日	水曜日 6月5日
6-7時	起床	就寝中	起床
気分	憂うつ7	－	憂うつ5
7-8時	朝食	起床	朝食
気分	憂うつ5	憂うつ8	憂うつ5
8-9時	ベッドでゴロゴロ	ベッドでゴロゴロ	ベッドでゴロゴロ
気分	憂うつ8	憂うつ8	憂うつ7
9-10時	ベッドで雑誌を読む	ソファーでテレビ	診察
気分	憂うつ5	憂うつ6	憂うつ5，安心4
11-12時	ソファーでテレビ	うたたね	本屋で本を買う
気分	憂うつ8	憂うつ5， 心地よい4	憂うつ4， 達成感5
12-13時	昼食	昼食	昼食
気分	憂うつ4	憂うつ5	憂うつ4

図5-2　活動記録表の例

自分の感じた気持ちを次の言葉から選んで，表してみましょう。

悲しい	さびしい	憂うつ	恥ずかしい	むなしい
いらつく	不安	苦しい	緊張	うしろめたい
罪悪感	心配	怖い	困惑	パニック
楽しい	安心	よろこび	うれしい	興奮した

図5-3　気分リストの例

　筆者がうつ病のクライエントと気分のモニタリングをおこなう際には，図5-3のような気分を表す言葉のリストを提示し，そのときに感じた気分とその強さを10段階で表してもらうことが多い。私たちは日々さまざまな気分を経験しているが，気分の問題に悩むうつ病のクライエントは「憂うつ」か「憂うつでない」かという二分法で捉えてしまうことが症状の一部としてある。そこで，憂うつ以外の気分も経験していることや，それらが一日や一週間のなかでも変動していることに気づいてもらい，気分を変えていけるという動機づけを図っている。

　またうつ病のように，気分の問題は認知（考え方や思考）のパターンだけではなく，活動・行動パターンとも影響しあっていることが多いことから，気分のモニタリングと一緒に，活動のモニタリングをおこない，行動活性化法へと介入を進めていくことが多い。（行動活性化法については後述する）

　例えば，藤井さんの場合，セラピストと相談して，気分のモニタリングと併せて，活動のモニタリングを1時間ごとに観察して記録をとってみることから始めることになった。

　セルフモニタリングをホームワークとして提案する際は，面接のなか
で昨日のものなどを書き出してみて，記録の仕方などを練習・説明した
ほうがよい。ホームワークを出した際には，次のセッションでモニタリ
ングシートを一緒に振り返り，セラピストから「記録してみて気づいた
ことや感じたことはありましたか？」，「気分の違いと活動や行動パター
ンにはなにかつながりがありそうでしょうか？」などと質問をしていき
ながらクライエントの気づきを促すなど，クライエントの状態を共有し
ていく。

3.　生活のパターンに変化をつける：行動活性化法

　藤井さんとセラピストはセルフモニタリングのホームワークを振り返
るなかで，午前中は憂うつな気分な時が多く，朝食後はソファーでテレ
ビをボーっとみている時間が多いことがわかった。しかし，夕方以降
は，上向きな気分になることもあり，その時間帯は娘の保育園の迎え
や，娘とお風呂に入ることが多いことが分かった。このように活動と気
分との何らかのつながりに気づいたところ，活動・行動のパターンを変
化させることで気分を変えていけるのではないかということを話し合
い，行動活性化法の手続きを進めることにした。

（1）うつ病の行動モデルと行動活性化法の展開

　行動活性化法は，うつ病の行動モデル，つまりうつ病が「認知」のみ
ならず，「行動」の結果として維持されていることを説明するモデルか
ら展開された技法である。
　初期のうつ病の行動モデルでは，うつ病は，報酬（快気分や社会的強
化）に結びつくような行動が生活のなかで極端に減少し，それによって
十分な報酬を感じ取ることが難しくなった状態であると考えられた。例

えば，Skinner（1953）は，うつ病は，環境から正の強化子（報酬）が得られるべき行動にその結果が伴わなくなることによって，行動が弱まった状態であると説明した。またFerster（1973）は，抑うつ状態の維持・悪化は，抑うつ症状によって報酬が得られるような行動の頻度が減少することに起因すると考えた。このような行動の減少は，それまで報酬の存在を教えてくれていたシグナルへの感受性が鈍ってしまうことによって生じることもある。また私たちは悪い気分になっているときには，ストレスとなるような嫌悪的な場面を回避したり，気分をさらに悪くしないための行動レパートリーに集中しがちで，社会的強化を受ける機会が減り，さらに報酬に結びつくような行動が起こりにくくなることがある。このFersterのモデルは，のちのMartellらの回避行動の分析を含んだ行動活性化法の手続きにつながっている。

　さらにLewinsohn（1975）は，抑うつ状態は，受動的で報酬の少ない行動を繰り返し行った結果であると説明した。例えば，藤井さんのように，家にいてテレビを見るだけの生活は，他人から社会的強化（良い評価）を得る機会を減少させ，抑うつ状態が生じやすくなる。また，かつて満足感や喜びなどを得られていた行動をおこなっても同じような満足感や喜びが得られなくなることも抑うつ状態を悪化させることになる。そこで，Lewinsohnらは，うつ病への介入として，正の強化との接触を復活させることを目的とした「活動スケジュール」や，正の強化に接触できるように必要なスキルを形成する「社会的スキル訓練」を重視すべきであると主張した。

　Lewinsohnらの主張のあと，Beckらによる認知療法（いわゆる第2世代のCBT）の展開によってしばらくうつ病の行動モデルの展開は滞っていたが，次のような研究結果がきっかけとなり，再度行動モデルに注目が集まるようになった。Jacobsonら（1996）は認知療法においてど

の治療要素がもっとも効果があるのか，認知療法のコンポーネント分析をおこなった。Jacobsonらは，(a)認知療法における活動スケジュール（行動活性化条件），(b)活動スケジュールと自動思考の再検討を含む認知再構成（行動活性化法と認知再構成条件），(c)活動スケジュール，認知再構成，スキーマの修正を含む包括的な認知療法パッケージ（認知療法条件）という3つの条件における抑うつ得点（ベックうつ病尺度とハミルトンうつ病尺度）とうつ病寛解率を比較したところ，いずれにおいても認知療法条件は他の2つの条件と差がなく，優れた結果が示されなかった。このことがきっかけとなり，行動活性化法は，認知再構成といった他の治療要素と同様にうつ病改善に有効である可能性が指摘され，再び注目を浴びるようになったのである。

　現在では，行動活性化法の種類は，単純行動活性化法と呼ばれる活動スケジュールを基本とした介入と，Martellらの回避行動の分析を追加した行動活性化法，HopkoやLejuezらによる行動活性化法など多様化している。ここでは，従来のLewinsohnらの行動活性化法（単純な活性化）とMartellらの回避行動パターンを追加した形の行動活性化法の手続きについて解説する。

（2）単純な行動活性化法の手続き

　単純な行動活性化法では，活動リストを作成し，それらを日々のスケジュールの中に組み込み，あらかじめ実行の計画を立てていく。活動リストは，セルフモニタリングの記録から快気分を得られているような活動や，これまでクライエントが楽しんできた趣味の活動などをリストアップし，その活動の難易度などを評価させ，難易度の低いものから計画していく。もし活動リストを作成することが困難な場合は，「快行動リスト」と呼ばれる快気分をもたらすとされる活動のリスト（表5-1）

表5-1　快行動リストの例

・古くからの友人と会う	・旅行や休暇の計画をたてる
・友人が訪ねてくる	・山登りをする
・友人とコーヒーや紅茶を飲む	・きれいな空気を吸う
・だれかとスポーツの話をする	・清潔な洋服を着る
・笑顔で挨拶する	・かしこまった服装をする
・好きな人物のことを考える	・田舎に行く
・恋人と一緒に過ごす	・美しい風景を見る
・だれかを楽しませる	・野生の動物を観察する

出典：Macphilamy & Lewinshon, 1982 より抜粋

があるので，それを用いることもある。

　このような単純な活性化では，活動スケジュールが成功した場合は，肯定的な気分を経験することになり，行動活性化法が役に立つことを学んで，次第と活動性が高まっていくことが考えられる。単純な活性化を試みたが，なかなか思うように活動スケジュールに取り組めないという場合には，次の回避行動パターンの分析をあらためておこなっていく。

（3）回避行動パターンの分析を含んだ行動活性化法の手続き

　単純な活性化によっても，思うように計画した活動が実行できなった場合は，気分に従った行動や目標に沿った行動の結果（行動の随伴性）に敏感になること，そして，クライエント自身が回避的な行動を減らし，正の強化を受ける機会を増やしていくこと（岡島・国里・中島・高垣，2011）を目的として，別の行動活性化法の手続きを行っていく。

　例えば，藤井さんは復職に向けて，図書館に通うという課題をセラピストと考えたとする。藤井さんは図書館に出かけるために支度をはじめるが，すぐにネガティブな思考（例：「なんでこんなことをやっている

のだろう。図書館なんて行ってもどうせ以前のようには戻れない。」）や生理的な反応（例：身体の重さやだるさ）に襲われると，支度をやめてソファーに横になったと報告した。その結果，藤井さんはソファーでそのままうたたねをしてしまい，うたたねから目覚めると「また時間を無駄にしてしまった」という自己嫌悪感でいっぱいになったとのことであった。

　まずセラピストと藤井さんは，図5-4の上段のように，TRAPという頭文字を用いて，回避行動パターンを分析した。TRAPとはTrigger（ひきがね），Response（反応），Avoidance Pattern（回避パターン）の頭文字をとった言葉である。このように気分に影響された行動のパターンを分析していくことで，日常的にも自分の行動の結果（行動の随

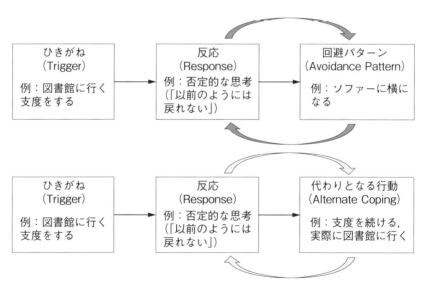

出典：Martell, Dimidjan & Herman-Dunn, 2010；岡島他，2011を改変
図5-4　行動活性化法のTRAPモデルとTRACモデル

伴性）に敏感に気づきやすくなることを目指す。

　そして，次に Avoidance Pattern（回避パターン；AP）に代わる活動（Alternate Coping；AC）を考えてもらい，回避行動の TRAP（罠）から抜け出し，軌道（TRAC）にのれるようにする。つまり，ネガティブな思考や反応が出てきても，それらに影響されずに図書館に出かける支度を続け，実際に図書館に出かけてみるのである。また代わりとなる行動（代替行動）を見つけるにあたっては，自分の人生や生活でどのようなことを大切にしたいのかという「価値」を考えてもらい，それに向けて必要な活動や行動を細分化していく。例えば，藤井さんの場合は，復職だけでなく家族と楽しい時間を持つことも人生における「価値」であるならば，家族の食事を作る，そのメニューをパソコンで調べるなどの活動も代わりの行動の候補になるであろう。

　このような一連の過程を続けるために，Martell らは"ACTION"が大切であると強調している。具体的には，あらゆる行動がどのように機能しているのかをチェックし（Assess），回避か活性化のどちらかの行動を選択する（Choose），そして選んだ行動は何でも試して（Try out），新しい行動を毎日の生活習慣に取り入れ（Integrate），その結果を観察する（Observe），そして決してあきらめない（Never give up）である（岡島・国里・中島・高垣，2011）。さらに行動活性化法をうまくすすめるコツは，「内側から外へ（Inside-out）」ではなく「外側から内へ（Outside-in）」を意識することである。「元気になればできる」とやる気や意欲が内側から高まることを待つのではなく，「動いてみると気分が変わる」ことを体験してもらうことである。そのためには，クライエントには「実験だと思って試しにやってみましょう」，「一度で変化を体験できなかったとしてもあきらめずに，何度か試してみましょう」と声をかけていくとよい。また気分が乗らなくてもやってみたら気分が良く

なった体験例などを引き出し，まさにそれが「行動活性化法」であることを説明していくこともよい。

　行動活性化法は，手続きとしてはさほど複雑ではないが，クライエントにとっては，問題を停滞させていると頭ではわかっていても，実際には行動や生活のパターンを変化させることが難しい場合も多い。認知行動療法の基本である，すでにできている行動を強める（強化），広げる（般化）を意識しながら，クライエントにも粘り強く取り組んでもらえるように，ちょっとした例外やたまたまの成功を取り上げ，計画していた活動自体ができなかったとしてもその実行のため準備できたことやホームワークを忘れずに記録できたことやワークシートを持参できたことなど，できているところを積極的に評価していくような工夫が必要である。

 1. この1か月くらいの間で，「最初は気分が乗らなかったけど，行動してみたら気分が良くなった」という体験を思い出してみよう。例えば，「机に向かう前は意欲がわかなかったが，テキストを開いてみると1〜2時間勉強に集中できて達成感を感じた」，「散歩の出かける前は寒くていやだったが，出かけてみると季節を感じることができて爽快な気分になった」など，行動活性化法で説明した，「動いてみると気分が変わる」という体験をいくつか挙げてみよう。

引用文献

- Ferster, C.B. (1973). A Functional Analysis of Depression. *American Psychologist.* 10, 857-870.
- Jacobson, N.S., Dobson, K.S., Truax, P.A., Addis, M.E., Koerner, K., Gollan, J.K., Gortner, E., & Prince, S.E. (1996). A Component Analysis of Cognitive-Behavioral Treatment for Depression. *Journal of Consulting and Clinical Psychology*, 64, 295-304.
- Lewinsohn, P.M. (1975). Engagement in pleasant activities and depression level. *Journal of Abnormal Psychology*, 84, 729-731.
- MacPhillamy, D. J., & Lewinsohn, P. M. (1982). The pleasant events schedule: Studies on reliability, validity, and scale intercorrelation. *Journal of Consulting and Clinical Psychology*, 50(3), 363-380.
- 日本うつ病学会治療ガイドライン「Ⅱ. うつ病 (DSM-5) /大うつ病性障害 2016」, 2016 年
  http://www.secretariat.ne.jp/jsmd/mood_disorder/img/160731.pdf
- 岡島　義・国里愛彦・中島　俊・高垣耕企「うつ病に対する行動活性化療法──歴史的展望とメタ分析──」心理学評論, 54, 473-488, 2011 年
- 坂野雄二『認知行動療法』日本評論社, 1995 年
- Skinner, B.F. (1953). Science and Human Behavior. The Free Press; New York.

参考文献

- Kanter, J.W., Busch, A.M., & Rusch, L.C. (2009). Behavioral Activation Routledge. (大野　裕監修, 岡本泰昌監訳, 西川美樹訳『行動活性化 (認知行動療法の新しい潮流2)』明石書店, 2015 年)
- 鈴木伸一・岡本泰昌・松永美希編『うつ病の集団認知行動療法実践マニュアル』日本評論社, 2011 年

6 | 行動変容技法の基礎

大月　友

《**目標＆ポイント**》　認知行動療法には，行動療法と認知療法という2つの異なる系譜があるが（詳細は第1章），行動療法の中にもレスポンデント条件づけとオペラント条件づけの2つの異なる学習（経験を通しての行動変容）のメカニズムに基づいた技法が存在する。本章では後者のオペラント条件づけに基づく行動の法則と，それを応用した行動変容技法について解説する。
《**キーワード**》　行動分析学，応用行動分析，オペラント条件づけ，ABCモデル，機能分析，動機づけ操作

1. はじめに

（1）行動とは何か？

　認知行動療法では，われわれが日常用語で用いるよりも広い意味で「行動」をとらえており，個体と環境との相互作用により示される観察可能な反応や行為すべてが含まれる（第2章参照）。ここで，「観察可能」というのは「誰か」から観察できるものという意味で，「話をする」など第三者から観察できるものもあれば，「（声に出さずに）考える」など本人にしか観察できないものもある。認知行動療法では臨床上のわかりやすさから，人間行動の構成要素を「認知・思考」，「情動・感情」，「生理・身体」，「行為・動作」，と分けて説明することもあるが，本章で解説する行動変容技法の対象となるのは，主に「行為・動作」に関わる行動であり，その多くは行動分析学ではオペラント行動とよばれる。オペ

ラント行動は，行動の後の環境変化によってその生起頻度が変化する行動であり（小野，2016），後述するオペラント条件づけにより獲得され，維持されるものである。

　ちなみに，レスポンデント行動は，行動を誘発する刺激が先に提示され，それによって生じる行動である。レスポンデント行動の典型は，パブロフ（Pavlov, I. P.）のイヌの唾液分泌行動の条件づけである。ここでは，メトロノームの音（条件刺激）で唾液分泌というレスポンデント行動（条件反応）が誘発されている。

（2）臨床上の問題を行動としてとらえる

　認知行動療法では，クライエントが抱える臨床上の問題を，行動の過剰（出現し過ぎる）と不足（出現しなさ過ぎる）という観点から整理して理解していく（トルネケ，2013）。行動の過剰が問題になる場合は，その行動は本人（あるいは周囲）にとって望ましくない行動であり，誤って学習してしまった結果（誤学習）ととらえることができる。そして，その行動を減らすことが支援になる。行動の不足が問題になる場合は，その行動は本人（あるいは周囲）にとって望ましい行動であり，まだ学習できていない状態（未学習），あるいは適切に維持できていない状態としてとらえることができる。そして，その行動を増やす（あるいは形成する）ことが支援となる。このように，認知行動療法は，行動という単位でクライエントの臨床上の問題を具体的にとらえ，学習の原理を応用してそれらの行動の変容を目指していく（鈴木・神村，2005）。

2. 行動の法則

（1）行動分析学とは

　行動分析学は，スキナー（Skinner, B. F.）という心理学者が1930年

代から創始した学術領域で，個体と環境との相互作用から行動（特にオペラント行動）の変容メカニズムを明らかにする科学である（大河内・武藤編，2007）。実験により行動の法則を解明する実験行動分析，それらの行動の法則を社会的に重要な行動を改善するために適用する研究と実践である応用行動分析，理論的・概念的問題を追及する概念分析の3つの分野から構成されている。応用行動分析で用いられるさまざまな手続きを，認知行動療法では行動変容技法として活用している。

　行動分析学では，行動（これ以降オペラント行動を「行動」と表記する）の変容メカニズムを，ABCモデル（三項随伴モデル）という枠組みから文脈的に理解する。ABCモデルでは，対象となる行動（Behavior）を中心として，時間的に前に起こる刺激変化である先行事象（Antecedent），後に起こる刺激変化である結果事象（Consequence：

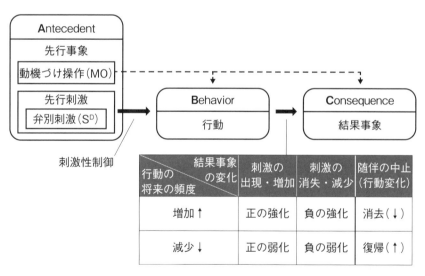

図6-1　ABCモデルと行動の法則（モデル図）

後続事象ともよばれる）の3つによって構成される（図6-1）。この
ABCモデルで分析することを機能分析とよぶことがある。そして，行
動分析学では，行動の法則としてABCモデルの中の結果事象と先行事
象に着目する。本節では，特に知っておくべき7つの行動の法則として，
正の強化，負の強化，オペラント消去，正の弱化，負の弱化，刺激性制
御，動機づけ操作（motivating operation）について紹介する。

（2）結果事象による行動の制御

　行動は結果事象による影響を受け，将来の生起頻度が変化する。将来
の行動の生起頻度が増加する場合，その行動と結果事象のつながり（随
伴性）は強化とよばれる。この場合の結果事象は，その個体にとって好
ましい環境変化であると解釈できる。好ましい環境変化には，好ましい
ことが生じる場合と嫌なことがなくなる場合の2種類がある。前者の随
伴性を正の強化（別名：提示型強化，好子出現の強化），後者の随伴性
を負の強化（別名：除去型強化，嫌子消失の強化）という。たとえば，
自動販売機のボタンを押す（行動）と飲み物が手に入り（刺激の出現），
その後も自動販売機を利用するのであれば，それは正の強化の随伴性で
あると理解できる。一方で，蚊に刺されたところを掻く（行動）と痒み
がひき（刺激の減少），その後も蚊に刺されたら掻く（行動）のであれ
ば，それは負の強化の随伴性であると理解できる。それでは，強化の随
伴がなくなると，すなわち，行動しても好ましい環境変化が起きなくな
ると，その行動はどう変化するであろうか。その場合，行動は元の状態
までその頻度が減少する。これをオペラント消去とよぶ。ただし，オペ
ラント消去では一時的にその行動の頻度や強度が増大するバーストとい
う現象が起こる。たとえば，自動販売機のボタンを押したのに飲み物が
出てこなくなる（オペラント消去される事態）と，ボタンを強く押した

り叩いたりするようになる（バースト）が，それでも飲み物が出てこな
いとやがてその自動販売機を利用しなくなる。

　次に，将来の行動の生起頻度が減少する場合，その行動と結果事象の
随伴性は弱化とよばれる。この場合の結果事象は，その個体にとって好
ましくない環境変化であると解釈できる。好ましくない環境変化も，嫌
なことが生じる場合と好ましいことがなくなる場合の2種類がある。前
者の随伴性を正の弱化（別名：提示型弱化，嫌子出現の弱化），後者の
随伴性を負の弱化（別名：除去型弱化，好子消失の弱化）という。

　このように，結果事象はその行動の将来の生起頻度を増減させる機能
を持つ。視点を変えれば，ある時点での行動の生起は，過去にその行動
に随伴した結果事象（学習歴）による影響を受けていることになる。

（3）先行事象による行動の制御

　強化によって行動の将来の頻度は増加するが，それだけではなく，行
動の前に先行して生じる刺激にも影響を与える。行動の前に生じる刺激
（先行刺激）は，関連する行動を喚起する機能を持つようになる。そし
て，先行刺激があるとき，ある行動の出現率や強度等が変化する場合
を，刺激性制御が起こるという。たとえば，祖父母が家に遊びに来てい
るとき，子どもが母親におねだりすると通りやすいという経験をする
と，祖父母の存在が子どものおねだりを生じやすくさせるようになる
（逆に，祖父母がいないときは，母親におねだりをすることが減る）。特
定の行動がある刺激が存在するときに強化され，存在しないときに行動
しても強化されない（オペラント消去される）場合，その刺激は弁別刺
激（S^D：「えすでぃー」と読む）とよばれる。

　行動を喚起する機能を持つ先行事象には，もう一つ動機づけ操作
（motivating operation：MO）がある。動機づけ操作とは，強化の有効

性を強めたり（あるいは弱めたり），行動の生起頻度を増加（あるいは減少）させるように，個体の状態を変化させるような操作のことである。たとえば，外回りの営業で炎天下の中歩き続けると，冷たい飲み物の強化としての有効性が高まり，飲むという行動も生じやすくなるであろう。この場合，炎天下の中歩き続けるという操作は，その個体をいわゆる喉が渇いた状態に変化させ，その個体にとっての飲み物の価値を高め，飲むという行動を引き起こしやすくする。逆に，冷房が効きすぎた部屋の中で長時間仕事することは，冷たい飲み物の強化として有効性を下げ，飲むという行動を生じにくくさせる。

　このように，先行事象はそのときの行動を喚起させる機能を持つ。ただし，その機能は，過去に同様の先行事象のもとで特定の行動が強化された経験によって確立したものである。そのため，ある時点での行動の生起には，過去の結果事象による影響（学習歴）とその時点の先行事象による影響の両方が作用することになる。

3. 行動変容技法

　応用行動分析では，これまで紹介した行動の法則を用いて，さまざまな行動変容のための手続きが用いられている。本節では，認知行動療法で用いられる主な行動変容技法を，新しい行動を身につけるためのもの，望ましい行動を増やすためのもの，望ましくない行動を減らすためのもの，そして，ハイブリットなものに分けて紹介する。

（1）新しい行動を身につけるための変容技法
　行動の不足が臨床上の問題になる場合は，その行動は主に望ましい行動であり，まだ学習できていない状態か適切に維持できていない状態としてとらえることができる。まだ学習できていない場合，新たにその行

動レパートリーをクライエントに身につけてもらう必要がある。そのとき役立つのが，課題分析というステップである。われわれが日常的に行っている行動は，1つの反応のみで構成されているわけではない。たとえば，子どもに「トイレで用を足す」という行動を教えることを考えてみる。「トイレで用を足す」といっても，トイレまで移動する→電気をつける→ドアを開ける→トイレに入る→ドアを閉める→便座をあげる（さげる）→ズボンをおろす→……→水を流す→ドアを開ける→トイレを出る→ドアを閉める→電気を消すといった具合に，多くの要素が連鎖して成り立っていることがわかる。課題分析とは，ターゲットとなる行動を一連の構成要素に分解する作業であり，スモールステップで新しい行動を練習していくことを可能にする。課題分析ができたら，1つ1つの要素を行動形成法（シェイピング法）によって身につけさせていく。行動形成法は，ターゲットとなる行動に似ている行動が生起した場合，認める，褒める等の強化を随伴させ，行動の精度をスモールステップで高めていく練習である。ここでは，より似ている行動には強化を随伴させ，そうではない行動はオペラント消去するという，分化強化の手続きが用いられる。また，行動形成法の際，言葉で伝える（教示），お手本を見せる（モデル提示），手取り足取り教える（マニュアルガイダンス）など，クライエントが正しく行動できるようプロンプトとよばれるヒントが提示される。行動の精度が高まれば，プロンプトを徐々に減らすフェイディングという手続きを行う。これらをセットでプロンプト＆フェイディング法とよぶ。そして，連鎖化法（チェイニング法）とよばれる刺激と反応を特定の順序で結びつける手続きをしながら，ターゲットになっている行動が身につくよう支援する。連鎖化法には，課題分析によって特定された最初の構成要素から順番に教える順向連鎖化法，最後の構成要素から逆の順番で教える逆向連鎖化法などの手続きが存在す

る。連鎖化法でもプロンプトの提示や強化の随伴がなされる。

　認知行動療法では，上述したような行動変容技法を組み合わせ，パッケージ化した支援方法も存在する。社会的スキル訓練（social skills training：SST）もその一つである。SSTは，人間関係を良くするための人付き合いのスキル（社会的スキル）を教える支援方法で，個別や集団などで実施される。目的や対象に合わせて，友達づくりのためのスキル，関係性を良くするためのスキル，自分の意見を伝えるスキルなど，さまざまな社会的スキルがターゲットになる。そして，教示やモデル提示，練習，フィードバック（強化）等のさまざまな技法を組み合わせながら，社会的スキルの獲得と般化を目指して支援が行われる。

（2）望ましい行動を増やすための変容技法

　行動の不足が臨床上の問題になるのは，その行動を適切に維持できていない状態の場合もある。その際まず考えられるのは，刺激性制御が十分でない状態である。環境内の先行刺激や弁別刺激（S^D）では，行動の喚起が十分ではないため，プロンプト＆フェイディング法が用いられる。たとえば，遅刻をしてしまう子どもに支援する場合，あらかじめ母親に家を出る時間になったら声かけ（「時間になったわよ」というプロンプト）をしてもらうようにする。そして，家を出ることが安定してきたら，母親の声かけを「いま何時？」や「時計見てね」と変化させ，環境内に存在する刺激で刺激性制御されるよう徐々にフェイディングする。

　次に考えられるのは，強化が十分に随伴していない可能性である。行動の維持には毎回の強化（連続強化）の必要はなく，何回かに1度強化が随伴（部分強化）すればよいが，その頻度や強度が不足している場合は維持されない。この場合，その環境内の結果事象では十分ではないた

め，意図的に認めたり褒めたり注目するなどの付加的な強化の随伴を操作する必要がある。トークンエコノミー法は，付加的な強化の随伴を操作する代表的なパッケージである。トークンとは，それを貯めると価値ある強化子（バックアップ強化子）と交換できるポイントやシールのような刺激で，行動の直後に随伴させることが可能である。トークンエコノミー法では，トークンとバックアップ強化子の交換比率を自由に設定できる。そのため，介入の初期には少ないトークンでバックアップ強化子と交換し，行動が安定してきたら徐々に交換に必要なトークンの量を増やすなどして，行動の維持のための工夫をすることが可能である。たとえば，先ほどの遅刻をしてしまう子どもへの支援であれば，遅刻せずに間に合った日にはカレンダーにシール（トークン）を貼るようにする。そして，まずは1週間のうちに3回シールがたまると週末のランチはファーストフード店に行けるよう設定する。登校が安定すれば，基準を1週間のうちに4回，5回と上げていくなどの工夫をする。環境内で自然には生じない付加的な強化を随伴する手続きとなり，結果事象に焦点をあてた行動変容技法となる。また，先行事象と結果事象の操作を行う行動変容技法を総称して随伴性マネジメント（随伴性コントロール）とよぶ。

（3）望ましくない行動を減らすための変容技法

　行動の過剰が問題になる場合は，その行動は主に望ましくない行動であり，誤学習の結果ととらえることができる。しかし，いかなる望ましくない行動であっても，それが一定の水準で維持しているのであれば，そこには必ず強化の随伴性が存在する。そのため，まず機能分析（ABC分析）とよばれるステップによって，問題となる行動に影響を与えている先行事象と結果事象を推定していく。

　望ましくない行動が，特定の刺激性制御下にあるのであれば，そのような先行刺激や弁別刺激（S^D）を除去する刺激統制法が有用になる。たとえば，喫煙を減らそうとする場合，飲み会に行くとタバコの本数が増えるのであれば，飲み会そのものに行かないようにするなどである。これは先行事象に焦点をあてた行動変容技法であるが，先行事象の操作ができない状況では，望ましくない行動が生起してしまう可能性が高い。そのため，環境の操作が難しい場合は，他の行動変容技法と組み合わせて実施する必要がある。

　望ましくない行動が維持している場合，そこには強化の随伴性がある。そのため，強化の随伴性を止めるオペラント消去ができれば，その行動を減らすことができる。オペラント消去のうち，望ましくない行動を維持している社会的強化子を除去することは，計画的無視法ともよばれる行動変容技法である。たとえば，授業中に立ち歩きが多い児童がいて，教師がいつも立ち歩きを注意していたとしよう。機能分析の結果，どうやら教師からの注目が強化として機能していると推定された場合，あえて，その児童が立ち歩いても注意しないという対応をとるのが計画的無視法である。ただし，その児童が立ち歩いていない適切な場面に対して，より選択的に声かけを行い，注目を与えることとセットで行う。このように，オペラント消去は，注目のように強化が誰かによってなされている付加的強化随伴性では有用であるものの，行動することで自然と強化がなされる行動内在的強化随伴性では難しい場合が多い。

　強化を用いて望ましくない行動を減らす行動変容技法も存在する。たとえば，一定期間，望ましくない行動が出現しなかったら強化子が与えられる，他行動分化強化法（differential reinforcement of other behavior：DRO）とよばれる手続きである。たとえば，10分間児童が立ち歩きをしていなかったら，賞賛等の声かけを行う方法である。

　また，弱化を利用した行動変容技法も存在する。不適応的な行動が生起した場合，適切な行動を反復（練習）させる，あるいは，不適応的な行動によって起きた損害を修復させる，過剰修正とよばれる手続きである。たとえば，立ち歩きが生じた際に，先ずは，自席に戻し，そして，椅子に深く腰をかけ，手を膝の上に置かせた状態で30秒間カウントするなどの対応を行う。これは，正の弱化を利用した行動変容技法である。ただし，弱化を用いた介入は，効果が限定的であることに加えて，支援される側が否定的な感情を持ちやすくなるなど，倫理的な問題を含む可能性があるため，使用においては十分な検討と配慮が必要となる。支援する側とされる側の間に事前の合意もなく，しばしば感情的に行われる体罰が支援として用いられることはあり得ない。

（4）ハイブリットな行動変容技法

　認知行動療法では，望ましくない行動をそれよりかはいくぶんか望ましい行動（つまり，ちょっとマシな行動）に置き換え，クライエントの適応を促す支援が志向される。その際，望ましくない行動を減らし，望ましい行動を増やすためのハイブリットな行動変容技法を実施する。図6-2は行動変容技法を用いた介入を行う際の，基本的な考え方を示したものである。望ましくない行動と同時には行うことができない望ましい行動には強化を随伴させ，望ましくない行動には強化を随伴させない（オペラント消去する）手続きを，非両立行動分化強化法（differential reinforcement of incompatible behavior：DRI）という（図6-2の上段及び下段）。そのうち，望ましくない行動によって得ていた強化を容認可能ないくぶんか望ましい行動で得られるようにする場合，代替行動分化強化法（differential reinforcement of alternative behavior：DRA）とよばれる（図6-2の下段）。このDRA法を実施するにあたっては，機

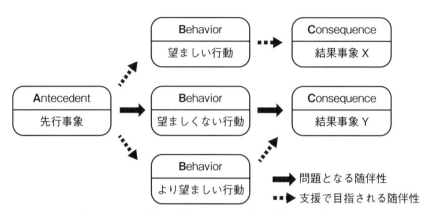

図6-2　行動変容技法を用いる際の基本的な考え方

能分析が重要な役割を果たすことになる。機能分析によって，問題となる望ましくない行動に随伴する結果事象を推定し，その行動がどのような機能（行動が果たす役割）であるか見当をつけないと，DRA法によって置き換える行動を定めることができない。たとえば，授業中の立ち歩きが多い児童の場合，その立ち歩きが教師からの注目を獲得する機能であるか，あるいは，難しい課題から逃れるという機能であるかによって，DRA法でターゲットになる行動は異なってくる。もし前者の場合であれば，授業中に発表の機会を与える，あるいは，プリントを配るなどの何らかの役割を与えることにより，教師からの注目を得られるようにするなどの介入が考えられる。一方，後者の場合であれば，教師に質問する，課題の難易度を下げるよう依頼するなどの行動に置き換え，結果的に難しい課題から逃れられるようにするなどの介入が考えられる。

4. おわりに

　本章では，認知行動療法で用いられるオペラント行動に関する行動変

容技法について，その背景にある行動の法則とともに紹介した。第7章では，これらの行動変容技法を使った支援として，発達臨床場面や学校臨床場面での展開について紹介する。また，第8章では，言語による行動の制御について解説し，主にセラピー場面での行動変容技法の発展について，臨床行動分析やアクセプタンス＆コミットメント・セラピーを紹介する。

 1．自分自身が行っている行動をABCモデルの枠組みで分析してみよう。
2．行動変容技法を使って，日常生活の自分の行動を変えてみよう。

引用文献

- 小野浩一『行動の基礎　改訂版』培風館，2016年
- 大河内浩人・武藤　崇編『心理療法プリマーズ　行動分析』ミネルヴァ書房，2007年
- 鈴木伸一・神村栄一『実践家のための認知行動療法テクニックガイド』北大路書房，2005年
- Törneke, N. (2009). Learning RFT: Context Press（山本淳一監修，武藤　崇・熊野宏昭監訳『関係フレーム理論（RFT）をまなぶ：言語行動理論・ACT入門』星和書店，2013年）

7 | 行動変容技法の発展（1）

大月　友

《**目標＆ポイント**》　行動変容技法を実際の臨床場面で用いる際は，その支援の文脈にあわせた形で工夫しながら実践することが重要となる。本章では，認知行動療法の行動変容技法を用いた支援について，発達臨床場面と学校臨床場面での展開に焦点をあてて解説する。
《**キーワード**》　ポジティブ行動支援，随伴性マネジメント，スキル形成マネジメント，発達支援，学校臨床

---

1. はじめに

　認知行動療法において行動変容技法を用いた支援を実施する際，押さえておくべき基本的なポイントがいくつかある。本節では，具体的な行動変容技法の発展を紹介する前に，主要なポイントについて解説する。

（1）行動変容技法を用いる際のスタンス

　臨床上の問題を行動という観点からとらえた場合，行動の過剰と不足として理解することが可能である（詳細は第6章）。ただ，実際に支援を行う際，クライエント（あるいは周囲）にとって望ましくない過剰な行動をいかに減らすかという点に注目しがちになってしまう。しかしながら，望ましくない行動を減らしたとしても，それに対応して，クライエントの生活の質（quality of life：QOL）が高まる望ましい行動レパートリーが増えるという保証はない。むしろ，別の形で望ましくない行動

が生じる可能性もある。一方で，不足している望ましい行動をいかに増やすかに着目するとどうであろうか。行動変容技法によって望ましい行動が増えれば，相対的に望ましくない行動は減ることになる。さらに，望ましい行動を増やす場合，褒める，認める等の正の強化の原理を用いた行動変容技法が利用可能なため，クライエントにとってもその周囲の支援者にとっても，受け入れやすい支援が展開できる。応用行動分析では，クライエントの望ましい行動を積極的に増やし，QOLの向上を目指す支援をポジティブ行動支援（positive behavior support：PBS）とよぶ。認知行動療法を実践するにあたっても，PBSは押さえておきたい重要な基本的スタンスといえよう。

（2）行動変容技法を用いる際の視点

　認知行動療法では，どのような場や状況，目的で支援を行うかによって，用いるべき行動変容技法を選ぶ必要がある。なぜなら，行動変容技法は，セラピストとクライエントが対面し会話によって支援が展開されるセラピー場面のみに用いられるわけではないからである。

　図7-1は，行動変容技法を用いる際に，押さえておきたい視点をあらわしている。まず重要になるのは，支援（実際の介入）を行う場や状況である。行動の過剰と不足という臨床上の問題が実際に起きている場面，すなわち，クライエントの日常場面に介入する場合，セラピストはその場の環境（A：先行事象とC：結果事象）を調整する随伴性マネジメントを行うことになる（図7-1の上側の実線枠）。その際，支援の目的として行動の過剰（望ましくない行動）を減らす，あるいは，不足（望ましい行動）を増やすかという視点も重要になる。望ましくない行動を減らすには，その行動の先行事象を取り去る（刺激統制法など：図7-1の①），あるいは，結果事象を取り去る（計画的無視法など：図

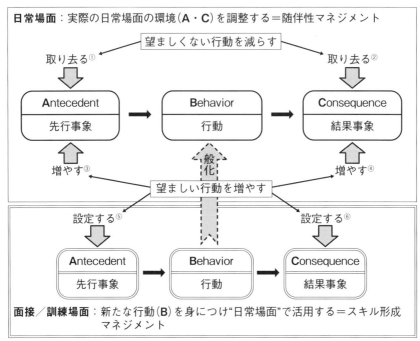

日常場面：実際の日常場面の環境（**A・C**）を調整する＝随伴性マネジメント

望ましくない行動を減らす

取り去る①　　　　　　　　　　　　取り去る②

| **A**ntecedent 先行事象 | → | **B**ehavior 行動 | → | **C**onsequence 結果事象 |

増やす③　　　　　　般化　　　　　　増やす④

望ましい行動を増やす

設定する⑤　　　　　　　　　　　　設定する⑥

| **A**ntecedent 先行事象 | → | **B**ehavior 行動 | → | **C**onsequence 結果事象 |

面接／訓練場面：新たな行動（**B**）を身につけ"日常場面"で活用する＝スキル形成マネジメント

図7-1　行動変容技法を用いる際の視点

7-1の②）ことを考える。望ましい行動を増やすには，その行動の先行事象を増やす（プロンプト＆フェイディング法など：図7-1の③），あるいは，結果事象を増やす（トークンエコノミー法など：図7-1の④）ことを考える。このような日常場面での随伴性マネジメントは，既存の行動レパートリーのままでも，外側の環境を変えることによって，クライエントのQOLを高めることを目指した支援となる。クライエントに変化を求めず，環境側を変化させることから，バリアフリー的な発想といえる（三田村，2017）。なお，随伴性マネジメントはセラピスト自身の手によって行う場合もあるが，セラピーでのやり取りを通してクライ

エント自身に実施するよう求める場合もある。さらに，コンサルテーションやペアレントトレーニング（親がトレーナーとなる行動訓練）などでは，家族や教師などクライエントを取り巻く周囲の人に要請して行う場合もある。

　一方，支援の対象や文脈によっては，日常場面の環境操作が困難であったり，QOL向上のためにもクライエントが新たな行動をスキルとして身につける必要がある場合もある。そのような場合，実際に問題が起きている日常場面とは異なる場面（たとえば，面接場面や訓練場面など）で，クライエントが新たな望ましい行動を身につけるための練習の場を設定することが必要になる。そして，新たに身につけた行動（スキル）を，クライエントが日常場面でも発揮できるよう支援する（図7-1の下側の二重線枠）。このような文脈での支援方略を大月（2018）はスキル形成マネジメントとよんでいる。その際，ターゲットとなる新たなスキルを効果的に練習できるよう，先行事象を設定する（プロンプト＆フェイディング法など：図7-1の⑤），あるいは，結果事象を設定する（行動形成法，連鎖化法など：図7-1の⑥）ことを考える。このようなスキル形成マネジメントは，クライエントの行動レパートリーの増加によって，環境への適応を促し，QOLを高めることを目的とした支援となる。環境側よりもクライエントに変化を求めることから，トレーニング的な発想，あるいはリハビリ的な発想（三田村，2017）ともいえる。

　認知行動療法では，個人と環境の相互作用として問題を理解し支援するため，随伴性マネジメントとスキル形成マネジメントは，常に相補的な関係にある。決して相反するものではない。クライエントのQOL向上を目指して，その文脈に応じたバランスで実施することが重要となる。また，どちらの方略においても，セラピストが行うことは環境（AとC）の操作であることに注目してほしい。行動変容技法を用いる際，

その基本となるのはABCモデルであり，支援は必ずクライエントの行動（B）に主眼を置いて実施されるので，セラピストはいつもその環境要因（AとC）である。認知行動療法で行動変容技法を用いる場合，常にこの視点に立ちながら支援を実践することが最も重要な視点といえる。

2. 発達臨床場面での展開

　認知行動療法が行動変容技法として活用する応用行動分析の手続きは，環境（AとC）の操作が基本となる。そのため，会話が難しい重度の障害児や障害者を対象にした，会話に頼らない支援も可能である。これまで，自閉スペクトラム症など発達に課題や遅れのある子どもの発達支援（療育）においても，応用行動分析は大きな成果をあげている。

（1）発達障害児への支援

　子どもは成長とともに家庭や地域でさまざまな経験をし，できることを日々増やしていく。定型発達の子どもは，特別な配慮や設定のない一般的な環境（言わば"雑多な"環境）に置かれていても，その中で学習を積み重ねていくことが可能である。しかし，発達障害を持つ子どもの場合，そうはいかないことも多い。生まれながら持っている障害特性によって，一般的な環境では学習が成立しにくく，定型発達の子どもと比べると色々なことができなかったり，できるようになるのに時間がかかってしまう。そのため，できることを増やすためには，障害特性に配慮し，それぞれの子どもが学びやすい環境を用意して，その中で学習を積み重ねてもらう必要がある。ただ，これは逆に言えば，それぞれの子どもに応じた特別な配慮や設定のある環境が用意できれば，学習を積み重ね，いろいろなことができるようになる可能性があるということを意

味している。応用行動分析は，環境の操作により行動に影響を与えるという発想のため，発達支援にも適したアプローチといえる。生活面，言語面，認知面，学習面，社会面といったさまざまな側面に対して，スキル形成マネジメントによる発達支援が展開されている。

（2）発達支援で用いられる指導法

　応用行動分析による発達支援でよく用いられる指導法として，離散試行（ディスクリート・トライアル）による指導法（discrete trial training：DTT）がある。DTT法は，着席やセラピストへの注目，簡単な指示に従うなどの対象児の学習準備行動を形成したのちに導入される。具体的には，セラピストが簡単な指示やモデルを出し（A），対象児が求められた行動を示した際に（B），セラピストが対象児へ賞賛やくすぐり，好きな活動（おもちゃで遊ぶなど），お菓子といった強化子を提示する（C）手続きである（谷，2012）。このABCが1つの独立した試行として実施される。DTT法は先行事象（A）や結果事象（C）が明確で設定しやすいため，学習の機会を確保しやすく，対象児が学習しやすいという利点がある。一方で，賞賛などのセラピストからの刺激が社会的強化子として機能しない対象児の場合，おもちゃやお菓子といった強化子に頼らざるをえない。このような場合，訓練場面と日常場面の随伴性が乖離してしまい，般化や維持がうまくいかないことも多い。

　機会利用型指導法は，こうした問題に対応した指導法である（出口・山本，1985）。対象児の好きなものや必要になるものをあらかじめ設定しておき，対象児が自発的にそれを求めてきたときに指導する。たとえば，対象児に果物のおもちゃを用意し，おままごとをして遊んでもらう。そのとき，セラピストがリンゴのおもちゃを持っておき（A），対象児がそれを見て「リンゴ」と言えたら（B），そのリンゴのおもちゃ

を渡す（C）という設定とする。この場合，訓練場面での随伴性は日常場面に近い自然なものになり，日常での般化や維持がしやすくなる。ただし，学習の機会（回数）を確保しにくいため，レパートリーにない行動を安定させることが難しいという短所が存在する。そのため，DTT法と組み合わせながら実施することが効果的とされる。

　社会的強化子の形成に主眼を置き，日常場面での学習の促進を狙った指導法も開発されている。自閉スペクトラム症児においては，賞賛などの人からの刺激が社会的強化子になりにくいことや，人そのものからの回避や逃避が多いことが，言語の獲得をはじめとするさまざまな行動の学習を阻害する要因となると指摘されてきた。そこで，対象児の嫌がる刺激を極力避け，対象児が自発した遊びや活動にセラピストが段階的に接近し，くすぐりや逆模倣などの交流を徐々にすることで，人からの刺激が強化子として機能するよう働きかける手続きがわが国において開発された。これらの手続きは，フリーオペラント法やHIROCo法（Human Interaction with Response Outcome Control）とよばれている（佐久間，2013；谷，2012）。抱っこやトランポリンなどの身体を使った遊びを対象児が求めてきたときに，セラピストを見る，近づくなどの視線や動作といった前言語的行動から，言語での要求まで，スモールステップで遊びの随伴によって対象児の新しい行動を形成していく手続きとなっている。

　機軸行動発達支援法（Pivotal Response Treatment：PRT）は，広範囲の行動の学習や問題行動の改善に波及するような機軸領域の行動に介入する支援法である（ケーゲル・ケーゲル，2016）。この考え方自体は前述のフリーオペラント法に通じるところがあるが，PRT法では機軸領域としてモチベーションや自発性，質問をすることなど，複数の領域が提唱されている。

3．学校臨床場面での展開

　現代の学校教育場面では，不登校やいじめ，対人関係上のトラブルなど，心理行動面での課題を抱える児童生徒への支援が必要とされている。また，通常学級において，学習面や行動面で著しい困難を示す児童生徒は一定の割合で在籍し，その背景に発達障害などの障害特性が影響している可能性が指摘されており，特別な支援が必要とされている。認知行動療法では，学校教育場面で示される問題を，その問題を示す児童生徒自身の問題であるとはとらえず，常に，その児童生徒と環境との相互作用上の問題として理解し，支援を展開していく。実際の支援は，教育相談や生徒指導，あるいは，特別支援教育の枠組みの中で，教師やスクールカウンセラーなどが連携しながら実施する。その際，個別の状況に応じて，随伴性マネジメントやスキル形成マネジメントを組み合わせながら，さまざまな行動変容技法が用いられる。

（1）不登校児童生徒への支援

　不登校そのものは学校に行けていない状態を指す用語であり，その背景は一人ひとりの児童生徒によってさまざまである。そのため，不登校児童生徒を支援する際は，個別のケースフォーミュレーションにもとづき，認知行動療法のさまざまな技法を用いていく必要がある。その前提をもとに，この項では，行動変容技法との関連から概観していく。まず，不登校は，マクロにみると「学校に通う」という行動が生起（維持）していない状態である。このことを行動分析学的観点から考えると，「学校に通う」という行動が，①オペラント消去された（強化が随伴していない）状態，あるいは，②弱化された（嫌悪的なかかわりが随伴する）状態と理解できる。「学校に通う」ことによって得られるもの

はそれぞれの子どもで異なるものの，友人と会える，遊べる，話せる，あるいは，授業や行事の中で周りから認められる，習ったことがわかるなど，本人にとって何らかの意味をもった体験が強化として機能している。①のオペラント消去された状態とは，こうした強化が随伴していない状態であると想定される。また，②の弱化された状態では，「学校に通う」といじめや友人とのトラブル，クラスで恥をかくなど，本人にとって好ましくない体験が随伴したことが想定される。このように，不登校という問題を行動的にとらえると，学校に行けていないことそのものが問題なのではなく，学校に行っても意味ある体験が起きない，あるいは，不快な体験が起きるという，環境との相互作用（随伴性）が何よりもの問題であり，支援によって変化させるべきポイントであることがわかる。そのため，クラス内で役割を持たせる，クラスメイトと交流するような活動を設定し，その中でサポートをするなどして，登校することでプラスの体験ができるような随伴性マネジメントを検討することが必要である。また，クラスメイトとよりよい交流ができるよう，あるいは，友人とのトラブルにうまく対処できるよう，対象児童生徒に社会的スキルを指導する，授業場面で内容を理解できるよう補習等であらかじめ学習指導をしておくなど，クラス外で個別（あるいは小集団）でのスキル形成マネジメントによる支援を検討するのも大切である。いずれもそれぞれの対象児童生徒のケースフォーミュレーションによって，適切な支援プランを作成しながら，支援を展開することになる。

　また，不登校は，「学校に通う」のではなく，「家で過ごす」行動が生起（維持）した状態であるともとらえられる。このことを行動分析学的観点から考えると，「家で過ごす」という行動が，③正の強化で維持された状態，あるいは，④負の強化で維持した状態と理解できる。③の正の強化が随伴した状態は，「家で過ごす」ことでゲームや漫画，テレビ，

ネット動画など，「学校に通う」場合ではできないような楽しさを体験している場合もある。この場合，家での過ごし方を見直し，たとえば，そのような楽しみは，家の中でも学校の時間外でしかできないようにするなど，家庭内の随伴性マネジメントを試みる必要がある。一方，②のような弱化された体験がある場合，学校へ行こうと思っても不快な体験を思い出したり，また起きるのではないかと想像して，怖くなり行けない場合もある。その状況では，④のように「家で過ごす」ことは負の強化により維持される。この場合，もはや学校では過剰な不快な体験は起こらないように徹底した上で，本人がその怖さや不安にうまく対応できるようスキル形成マネジメントによる支援が展開されることもある。そのような支援では，エクスポージャー法や認知変容技法，あるいは，第8章で紹介するような行動変容技法が展開されることになる。

（2）　学習面や行動面で著しい困難を示す児童生徒への支援

　近年の学校教育場面では，通常学級において学習面や行動面に著しい困難を示す児童生徒への支援が大きなテーマとなっている。こうした困難の背景として，そのような児童生徒には発達障害があったり，あるいは，そのような特徴や傾向が強いことが指摘されている。しかしながら，認知行動療法では，発達障害であることやその特徴があることそのものを問題としてとらえない。常に，環境との相互作用上の問題として理解し，個別のケースフォーミュレーションにもとづき，支援を展開していく。

　学習面の困難の場合，それぞれの児童生徒の発達面の特徴を把握しつつ，本人が苦手としている学習面の課題について，行動的な観点から課題分析を行い，スモールステップでの指導を計画し実践していく。指導の際は，教材を工夫する，指導環境を構造化する，できることから少し

ずつ成功体験を積ませながら指導するなど，対象となる児童生徒が学習しやすくなるような環境設定を行っていく。

行動面の困難の場合，それぞれの児童生徒の発達面の特徴を把握しつつ，問題となる行動の先行事象や結果事象を調べ，機能分析をしていく。一般的に，問題となる行動の機能には，①自分のしたいことを実現させる「要求」としての機能，②重要な他者にかまってもらう「注目獲得」としての機能，③嫌なことや嫌な気持ちから逃れる「回避・逃避」としての機能，④その行動に伴う音やにおい，触感などを楽しむ「感覚獲得」としての機能がある。そのため，それぞれの随伴性や機能に応じた支援を検討することになる。具体的には，まず，そのような問題となる行動が生起しにくく，適切な行動が生起しやすくなるような環境を工夫するなど，随伴性マネジメントを検討する。また，問題となる行動と機能的に等価な代替行動への置き換えを目指し，随伴性マネジメントやスキル形成マネジメントによる支援を展開する（詳細は第6章）。たとえば，授業中の立ち歩きが問題となっている児童がいて，機能分析からその行動には教師や周囲からの「注目獲得」の機能があると予想されたとしよう。その場合，教師は立ち歩きには注目せずに，授業にうまく取り組めているときに意識的に声かけをする，あるいは，授業の中で対象児にできそうな役割を積極的に与えて賞賛するなど，代替行動分化強化法による介入を検討することがある。

4. おわりに

本章では，認知行動療法で用いられる行動変容技法の発展として，発達臨床場面や学校臨床場面での展開を紹介した。特に，問題となる行動をクライエントにとっての外側の環境との相互作用という観点から理解し，随伴性マネジメントやスキル形成マネジメントによる支援方略に焦

点をあてて概説してきた。これらの支援では，行動の法則にもとづく行動変容技法を，それぞれの支援の文脈にあうように工夫しながら適用していくことが重要となる。ただし，これらの支援方略は発達臨床や学校臨床などの場面に限定されるわけではなく，さまざまな臨床場面に応用可能である。

 1. 応用行動分析を用いた発達支援（療育）に関して，Web上で公開されている動画を視聴して，行動変容技法の実際のイメージを深めよう。
2. 自分自身の減らしたい行動をピックアップして，その行動の機能を考えてみよう。

引用文献

- 出口　光・山本淳一「機会利用型指導法とその汎用性の拡大—機能的言語の教授法に関する考察—」教育心理学研究，33，350-360，1985年
- Koegel, R. L., & Koegel, L. K. (2012). The PRT Pocket Guide: Pivotal Response Treatment for Autism Spectrum Disorders: Paul H. Brookes Publishing Co., Inc.（小野　真・佐久間徹・酒井亮吉訳『発達障がい児のための新しいABA療育　PRT　Pivotal Response Treatmentの理論と実践』二瓶社，2016年）
- 三田村仰『はじめてまなぶ行動療法』金剛出版，2017年
- 大月　友「応用行動分析」，鈴木伸一編集代表『公認心理師養成のための保健・医療系実習ガイドブック』pp.210-215，北大路書房，2018年
- 佐久間徹『広汎性発達障害児への応用行動分析（フリーオペラント法）』二瓶社，2013年
- 谷　晋二『はじめはみんな話せない　行動分析学と障がい児の言語指導』金剛出版，2012年

8 | 行動変容技法の発展（2）

大月　友

《目標＆ポイント》　認知行動療法の行動変容技法には，「内側の環境」から
影響を受けている行動を対象にした技法が存在する。本章では，その理論的
背景として関係フレーム理論とルール支配行動を解説し，セラピー場面での
展開について紹介する。また，その発展として，第3世代の系譜に位置づけ
られているアクセプタンス＆コミットメント・セラピーについて解説する。
《キーワード》　関係フレーム理論，ルール支配行動，臨床行動分析，アクセ
プタンス＆コミットメント・セラピー

---

1. はじめに

　認知行動療法では，行動（オペラント行動）を，個人と環境との相互
作用という観点からABCモデル（第6章参照）の枠組みで理解し，行
動に影響を与えている環境（A：先行事象とC：結果事象）に焦点をあ
てる。第6章と第7章では，個人の「外側の環境」に主に着目して説明
をしてきたが，実は，行動に影響を与える環境は外側だけではない。個
人の「内側の環境」もその個人の行動に影響を与えることがある（第2
章1.の（6）参照）。この「内側の環境」の代表例が，認知行動療法の
中で「認知・思考」あるいは「情動・感情」，「生理・身体」とよばれる
ものになる。これらは総称して，私的事象（private events）ともよば
れる。われわれ人間は，連続する時間の流れの中で生活しているため，
ある時点で考えたことや感じたことが，次の行動（B）を喚起するきっ

かけ（A）になることもあれば，その行動（B）によって起きた個人内の変化が結果事象（C）になることもある。このABCを抜き取ると，AもCも「内側の環境」であり，それが行動（B）に影響を与えていることになる。特に，「認知・思考」とよばれる行動は（行動分析学では言語，あるいは，言語行動とよぶ），考えて行動するということを小さい頃から鍛えられてきた人間にとって，大きな影響力を持つ先行事象（A）になる。特に，不安やうつといったメンタルヘルス上の問題は，私的事象などの「内側の環境」が行動に大きな影響力を持っている状態であり，いわゆるオトナ（言語で行動が制御されやすいという意味）を対象としたセラピー場面での支援が想定される。なお，このようなオトナを対象にしたセラピー場面での応用行動分析による支援は，臨床行動分析ともよばれる（大河内・武藤，2007）。

2. 行動の法則（発展編）

　問題となる行動にクライエント自身の言語が強く影響している場合の支援を検討する上で，まずは，言語がどのように行動に影響を与えるかについて，行動分析学の観点から解説していく。

（1）関係フレーム理論（Relational Frame Theory：RFT）

　われわれ人間は，頭の中でことばやイメージを使いながら，未来に向けて思いを馳せたり，過去の思い出に浸ることができる。このような，ことばやイメージを使った行動を，行動分析学では言語行動とよんでいる。それでは，言語行動は行動としていかなる特徴があるのであろうか。これまで行動分析学の観点から言語に関する研究が蓄積されており，それらがRFTとして体系化されている。

　RFTでは，われわれ人間の言語行動の中核になっているのは，刺激

と刺激を関係づけることであると考えている。たとえば，われわれは物理的刺激としての実物の"りんご"を，「ri-n-go」という音声刺激でよんでいる。そして，物理的刺激としての"りんご"や音声刺激としての「ri-n-go」は，ひらがなの『りんご』という文字刺激で書かれる（物理的刺激は" "，音声刺激は「 」，文字刺激は『 』で表記する）。このように，われわれが用いていることばは，さまざまな刺激と刺激を関係づけることで成立していることがわかる（図8-1参照）。ここで，初めて英語を勉強している子どもが，テキストで『りんご』は『apple』であると学び（図8-1の①），さらに，『apple』は「æpl」と発音することを学んだとしよう（図8-1の②）。するとその子は，『apple』は『りんご』であり（図8-1の③），「æpl」と聞けば『apple』であるという反対方向のつながりを即座に理解する（図8-1の④）。このように，一方向の関係を学ぶと，反対方向の関係も自動的に理解できる。さらに，その子は，「æpl」と聞けばそれは"りんご"を意味していることも

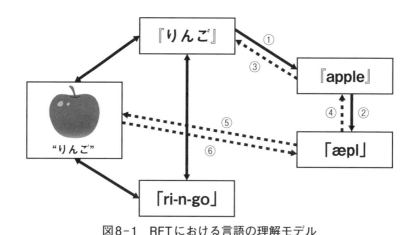

図8-1　RFTにおける言語の理解モデル

理解し（図8-1の⑤），"りんご"を見て「æpl」と言うこともできるであろう（図8-1の⑥）。たとえ，テキストに物理的刺激としての"りんご"が示されていなかったとしても，直接的な学習（図8-1の①と②）から派生して自動的にその他の刺激を関係づけることができる。このように，すでに出来上がっている刺激のネットワークに対して，その一部に新しい刺激を関係づけることで，ネットワークはあっという間にひろがるというのが言語の特徴である。

　さらに，刺激と刺激が関係づけられることで，言語のユニークな特徴がうまれてくる。図8-1に示されたさまざまな刺激のうち，われわれが実際に食べることができるのは"りんご"だけである（音も文字も食べることはできない）。"りんご"を食べると，シャリっという食感や溢れ出す果汁とともに，甘酸っぱい味が口の中いっぱいにひろがっていくだろう。さてここで，いったん文章を読むのをやめて，心の中でりんごとつぶやいてみてほしい。どんな感じがするだろうか？　なんとなく，"りんご"を食べたときの感じが呼び起こされてこないだろうか？　この瞬間に実際に"りんご"を食べていなくとも，心の中で「ri-n-go」とつぶやくだけで，食感や味，あるいは見た目など，実際の"りんご"を食べたときの経験からくる感覚が呼び起こされるのに気づくであろう。これが，言語の実にユニークな特徴である。ネットワークの中の一部の刺激に備わっている感覚（RFTではこれを機能とよぶ）が，ネットワーク内の他の刺激にも移っていくのである。RFTでは，このような現象を刺激機能の変換とよんでいる。この現象によって，われわれは，小説の文字を読んだり，誰かに何かを言われたり，頭の中で何かを考えたりするだけで，いろいろなことを感じることができる。ただし，刺激機能の変換はいつでも起きるわけではない。同じ刺激に接した場合でも，刺激機能の変換が起きる場合もあれば，起きない場合もある。た

とえば,「愛している」という言葉を聞くとき,それが気になる人からの告白なのか,あるいは,カラオケで友人が歌ったフレーズなのかによって,感じ方は全く異なるであろう。この時の感じ方,すなわち,刺激機能の変換に影響を与えているのは,言葉の内容(つまり,「愛している」という字面)ではなく,それが発せられた文脈である。RFTでは,これを機能的文脈とよんでいる。

　ところで,刺激と刺激を関係づけるのは,これまで例示してきたようなイコール関係だけではない。たとえば,500円玉は1万円札よりも質量は重い(500円玉>1万円札)が,貨幣価値は低い(500円玉<1万円札)。このように,刺激と刺激を比較という形で関係づけることもできる。また,500円玉は硬貨の一種であり,1万円札は紙幣の一種であるというように,階層という形で関係づけることもできる。このほかにも,関係づけには,相違の関係,空間的関係,時間的関係,因果的関係,視点の関係など,多様なタイプがある。RFTでは,さまざまなタイプで刺激と刺激を関係づけることが,人間の言語行動の中核であると考えている。そしてこのような行動を関係フレームづけとよんでいる。このような行動を身につけているからこそ,人とのコミュニケーションが成り立つし,今この瞬間にも未来や過去のことを考えることができる。そして,そのようなことばとの付き合いで心を動かすこともできれば,行動することもできるのである。

　なお,関係フレームづけそのものは、人間が生まれながらできる行動ではない。幼少期からさまざまな刺激を関係づけるという経験を繰り返して獲得されるものである。その学習プロセスでは,言語を使える周囲の人との相互作用が不可欠であり,社会的強化により獲得し維持する。したがって,関係フレームづけはオペラント行動である。また,獲得までのプロセスの初期では,社会的強化を受けるためには,言語は他者に

向かって（公的事象として）他者に見えたり聞こえたりするように表出される必要があるが，成長とともに，表出しなくても（私的事象として）言語を使いこなすことが可能となる。このような，表出されない言語行動が，認知行動療法では「認知・思考」として扱われている。

（2）ルール支配行動

　言語が行動に与える影響について，スキナー（Skinner, B. F.）はルール支配行動という考え方を提唱した。ルールとは行動と結果事象の関係を記述した言語刺激（たとえば「勉強したら試験に受かる」）であり，それを弁別刺激として行動することをルール支配行動とよび，人間特有の行動であると説明されている。われわれは，幼少期から大人に言われたことを守るという形で，ルール支配行動を学習していく。言語が発達していくと，やがて，自分で考えて自分自身でルールを作り出し行動していく。また，RFTからは，関係フレームづけによって，その場にまだない行動と結果事象を記述する（関係づける）ことが可能となり，刺激機能の変換によりそのような言語的な先行事象が行動を喚起する機能を獲得するようになると説明されている。われわれ人間は，関係フレームづけによって即時的な随伴性のみに影響されるのではなく，長期的な結果との関係の中で自らの振る舞いを調整する能力（セルフコントロール）を持つようになる。ただ，裏を返せば，このことは即時的な随伴性に対する感受性が低下することを意味し，環境に対して効果的でない行動を維持する可能性を高めることになる。ルール支配行動であっても，オペラント行動であるため結果事象の影響を受けることにはなるのだが，実際に随伴する結果事象とルールで記述された結果事象が大きく矛盾しない場合，事実とは異なるルールでも漫然と従ってしまうことがある。

3. セラピー場面での展開

　心理療法とは，面接場面においてセラピストがクライエントとの対話を通して行う心理的支援の一形態である。ここで活用される行動変容技法の支援方略としては，スキル形成マネジメントとクライエント本人（あるいは，その周囲の方）に日常場面での外側の環境の操作を依頼する随伴性マネジメントになる。心理療法のような支援形態の場合，不安やうつといったメンタルヘルス上の問題を抱えたオトナが対象となることが多い。本節では，このような状況で行動変容技法がどのように展開されるかについて解説する。

（1）メンタルヘルス上の問題に対する行動分析学的理解

　認知行動療法では，メンタルヘルス上の問題は，不安な気分や落ち込みといった「情動・感情」，その際の「生理・身体」，それらを引き起こす「認知・思考」，そして，それらから逃れたり避けたりする「行為・動作」の問題として捉えていく。行動分析学的観点から考えた場合，問題の大きな維持要因となるのは，逃れたり避けたりといった「行為・動作」である。これらは負の強化（除去型強化，嫌子消失の強化，第6章参照）で維持される回避行動である。また，クライエントのQOLの向上やwell-beingにつながるような適応的な行動に対して両立しないもの，つまり，適応を妨げるものも，回避行動と理解することができる。そのため，回避行動は臨床上の主要なターゲットとなる。

　回避行動をABCモデルで分析した場合，その先行事象（A）は本人にとって不快な私的事象やそれを誘発する状況であり，回避行動（B）の結果として，不快の低減や状況から逃れられるといった結果事象（C）が想定される。さらに，不快な私的事象が先行事象として回避行動を喚

起するメカニズムは，RFTやルール支配行動の観点から理解することができる。パニック発作により広場恐怖症にいたったXさんを例にしてみよう。ある日，Xさんは電車の中でパニック発作を経験した。われわれ人間は，このようなパニック発作を数回，時には1回だけでも経験したら，"電車"によって不安が誘発されるというレスポンデント条件づけが成立する。Xさんもそれ以降，電車を前にすると不安を感じるようになり，さらに，頭の中で電車について考えるときも嫌な気持ちになるようになった（刺激機能の変換）。Xさんは電車でのパニック発作の経験から，「電車に乗ったらパニックになって大変だ」と考えるようになっていたので（因果の関係フレームづけ），それがルールとなり，徐々にあらゆる電車に乗ることを避けるようになっていった（ルール支配行動）。そんな中，上司から海外出張の話を持ちかけられた。前からチャレンジしてみたい仕事ではあったものの，Xさんは頭の中で「電車より飛行機の方が拘束時間が長いな」と考え（比較の関係フレームづけ），とても不安な気持ちになってしまった（刺激機能の変換）。実際には，Xさんは飛行機に乗ってパニック発作になった経験などないが，考えるだけでどうしても不安になってしまう（刺激機能の変換）。そして，「飛行機なんて乗ったらもっと大変だ」と思い（刺激機能の変換），自分の中でルールを作り上げてしまい，上司に海外出張の話を断ることにした（ルール支配行動）。飛行機に乗るということを想定した時の不安の高まりを，乗ることを断念する回避的な行動や思考によって安堵が得られるため，大きな矛盾が生じずに漫然と回避行動が維持されてしまっている。実際には，飛行機への搭乗とパニック発作との物理的，身体的関連性は何も存在しないにもかかわらず，回避行動が維持し続けてしまう。

（2） メンタルヘルス上の問題に対する行動分析学的支援
：臨床行動分析

　臨床行動分析によるアプローチは，応用行動分析の一種であるため，ポジティブ行動支援（PBS：詳細は第7章を参照）の発想をとる。そのため，支援の第一の目的は，QOLを高めwell-beingを達成するようなクライエントの行動を増やすことである。その際，言語による行動への影響性を積極的に活用していくことができる。たとえば，動機づけ操作やルール支配行動の原理を応用し，クライエント自身に自分にとって大切にしたい活動や目標の言語化を促すなど，先行事象に焦点をあてた行動変容技法を用いる。また，セラピー場面で日常場面での望ましい行動の達成などの言語報告を求め，それに対してセラピストからの社会的強化を随伴させる，あるいは，そこでの達成感などのポジティブな結果の言語化を促すなど，結果事象に焦点をあてた行動変容技法を用いる。

　一方で，そのような望ましい行動を阻害してしまう回避行動の過剰に関しては，それを減らすための行動変容技法を用いることになる。メンタルヘルス上の問題と関連する回避行動は，関係フレームづけやルール支配行動などの言語による強い影響を受けている場合が多い。そのため，言語による影響を受けた回避行動を減らすためのアプローチは，機能的文脈の操作が中心となる。これは関係フレームづけの刺激機能の変換が，文脈によって影響を受けるという特徴を応用したものであり，言語による行動への影響性を減じさせる手続きとなる。たとえば，自分の中で浮かんだ言語を真に受けるのではなく，一歩引いて観察できるよう練習することで，言語の影響性を減じさせ回避行動に手を出さないでいられるようになる。言語を真に受ける文脈（字義性の文脈とよばれる）から脱するための文脈操作であり，そのために「内側の環境」である言語（あるいは「認知・思考」）に対して，観察するという新しい行動を

身につけるスキル形成マネジメントとなる。この手続きは，言語の内容ではなくその影響性を変えることで行動変容を促すことから，行動変容技法に位置づけられる。一方で，認知行動療法には，言語（あるいは「認知・思考」）の内容そのものを検討し，変容を目指していく認知変容技法も存在する（詳細は第11章・第12章を参照）。

4. アクセプタンス＆コミットメント・セラピーの展開

　前節で紹介した臨床行動分析は，行動の法則の発展系であるRFTやルール支配行動を理論的な基盤にしている。そのため，これらの理論に精通していなければ，理解することも習得することも難しいという弱点が存在する。このような弱点を解決するため，高度な専門用語を使わずに，多くの臨床家にとってユーザビリティを高めたアプローチとして，アクセプタンス＆コミットメント・セラピー（Acceptance & Commitment Therapy：ACT※「アクト」と読む）が開発されている。このACTは，認知行動療法の中で第3世代の系譜に位置づけられている（熊野，2012）。

（1）ACTの考え方

　言語は，目の前にないものを扱えるため，計画を立てたり，さまざまな問題解決を可能にしたり，文明を発展させるという強力なプラスの力がある。ただし，その分，人間のメンタルヘルスにはマイナスにはたらく力もある。関係フレームづけやルール支配行動によって，不安や落ち込みなどの問題に関連するような「認知・思考」，「情動・感情」，「生理・身体」といった私的事象を，行動の先行事象として抱えることが避けて通れなくなり，それらをコントロールすることに四苦八苦するようになる。ただし，それらの私的事象を抱えながらでも，いくつかのコツ

を身につければ，QOLを高めwell-beingを実現するための行動を選び，実行することが可能になるとACTは考えている。避けられない苦痛は受け容れながら，自らの人生を進められるよう支援するのがACTである。

（2）心理的柔軟性モデル

ACTでは，このような発想にもとづいた，心理的に健康な状態からメンタルヘルス上の問題となる状態にいたるまでを理解し介入する上での枠組みとして，心理的柔軟性モデルが提唱されている（ヘイズ他，2014）。図8-2はこのモデルを示したものである。左側の6つのプロセスは，心理的な健康を表しており，心理的柔軟性が示されている状態である。一方，右側の6つのプロセスは，メンタルヘルス上の問題を表し

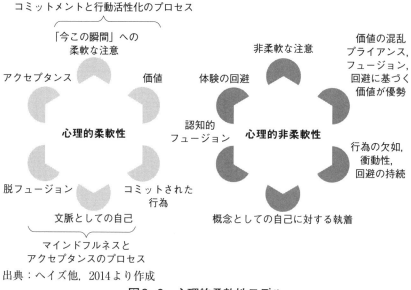

出典：ヘイズ他，2014より作成

図8-2　心理的柔軟性モデル

ており，心理的非柔軟性が示されている状態である。心理的柔軟性と心理的非柔軟性のそれぞれの頂点は対応しており，表裏一体の関係になっている。

　人間は，自分の頭の中で浮かんだ考えに囚われ（認知的フュージョン），今この瞬間の現実から離れ，未来を案じ，過去を嘆き（非柔軟な注意），自己評価に囚われると（概念としての自己に対する執着），それらの私的事象との接触を拒むようになる（体験の回避：experiential avoidance）。この体験の回避が過度に優勢になると，自分の中の大切なものを見失い（価値の混乱），人生を前に進めなくなってしまう（行為の欠如）。この状態が心理的非柔軟性である。ここから脱するためには，頭の中で浮かんでいる考えといったん距離を置き（脱フュージョン），今この瞬間の現実にしっかり足を置き（「今この瞬間」への柔軟な注意），自分と私的事象を区別する（文脈としての自己）ことで，それらの苦痛を伴う私的事象とも接触し続けること（アクセプタンス）が可能になる。その上で，人生で大切なことを考え（価値），それに向けて一歩ずつ歩みを進めること（コミットされた行為）ができるようになる。この状態が心理的柔軟性である。ACTは，心理的非柔軟性を示すクライエントに対して，マインドフルネスとアクセプタンスのプロセス，そしてコミットメントと行動活性化のプロセスを通して，心理的柔軟性を生み出すことを目指す。

（3）ACTの介入方法

　ACTでは，巻き込まれている思考や感情に対して，言語を用いて論理的に立ち向かうのではなく，メタファや体験的エクササイズを通して，思考や感情の行動への影響力を弱めるコツを身につけ，「今ここ」での体験にふれることで，実際の環境にあわせて柔軟に行動できるよう

支援していく。

　心理的柔軟性モデルにおいて，メンタルヘルス上の問題としてもっとも中核となるのは「体験の回避」である。この「体験の回避」は，"私的事象をなんとかコントロールしなければ人生は進まない"というルールによって強まるプロセスである。そのため，実際は不快な私的事象をコントロールしようとするほど泥沼にはまり，人生が前に進まなくなることへの気づきを促す。たとえば，これまでの私的事象のコントロールの試みが，どの程度うまくいったか，有意義な人生を送る上で役立ったかどうかを丁寧に検討していく。このような介入をACTでは創造的絶望とよぶ。その上で，「脱フュージョン」の技法を用いて，「思考は思考でしかない」ことを体験するとか，呼吸法を使いながら「今この瞬間」との接触を増やすことで，不快な私的事象であってもしっかりそれを観察しながら，感じられるよう「アクセプタンス」を高めていく。また，瞑想を使いながら，浮かんでは消えていく自分の思考や感情と，それを観察している自分は別であることの気づきを促し，「文脈としての自己」を自覚することも効果的である。

　このような私的事象の影響力を弱める介入を行いつつ，一方で，適応的な行動の促進のために言語の力を借りた介入も行っていく。これからの人生をどのような方向に進めていきたいかを言語化する「価値」のワークを行い，その上で，自らの「価値」に沿った具体的な「コミットされた行為」についてプランニングし，実際にやってみることを促していく。このように，言語による行動への影響力を都合よく使い分けられるようなコツを身につけられるよう支援するのがACTの特徴といえる。なお，ACTでは，心理的柔軟性モデルのそれぞれのプロセスを促進させるためのエクササイズやメタファなどのテクニックが，数多く提案されている。また，心理的柔軟性モデルにもとづくものであれば，セラピ

ストが自由に新しいテクニックを創作することも可能である。クライエントの問題や文脈に合わせた自由な心理療法が提供可能になる。

5. おわりに

　本章では，認知行動療法で用いられる行動変容技法の発展として，セラピー場面での展開やACTを紹介した。主に，「内側の環境」に対して，どのようなスキル形成マネジメントを行うかに焦点をあてた。一方で，セラピー場面やACTにおいても，随伴性マネジメントによる支援を両立させることも可能である。認知行動療法を実践する上では，常にクライエントのケースフォーミュレーションにもとづき，さまざまな技法を使いこなす姿勢が重要となる。

1. 自分自身の"myルール"を探して，そのルールが実際の随伴性を表しているかどうかを検討してみよう。
2. ACTで用いられているテクニックと認知療法で用いられている認知変容技法の違いについて調べてみよう。

引用文献

- Hayes, S.C., Strosahl, K.D., & Wilson, K.G. (2012). Acceptance and Commitment Therapy: The Process and Practice of Mindful Change. 2 nd edition: The Guilford Press.（ヘイズ, S.C.・ストローサル, K.D.・ウィルソン, K.G.　武藤　崇・三田村仰・大月　友監訳『アクセプタンス＆コミットメント・セラピー（ACT）〈第2版〉マインドフルな変化のためのプロセスと実践』星和書店，2014 年）
- 熊野宏昭『新世代の認知行動療法』日本評論社，2012 年
- 大河内浩人・武藤　崇編『心理療法プリマーズ　行動分析』ミネルヴァ書房，2007 年

9 | 技法：エクスポージャー（1）
―エクスポージャーの原理

神村栄一

《目標＆ポイント》　強い不安や恐怖，あるいは嫌悪反応のため，就労や就学，そして日常生活にまでさまざまな困難が生じ，生活の質が著しく低下する。このような事例には，エクスポージャー法を中心にすえた認知行動療法が推奨される。この方法でクライエントは，普段から「徹底して避けたい」という衝動が引き起こされる刺激や状況に，自らを段階的にさらしていくことが求められる。

《キーワード》　エクスポージャー，馴化，レスポンデント消去，回避行動，受動的回避，能動的回避，脱感作法

1. はじめに：「馴れ」について

　普段の生活に無い強い刺激，たとえば，普段から静かな住宅街での突然の銃声などがあると，それが何なのか特定し防御しようとする，無意識的な反応が生じる。この際，血圧や心拍数の増加，精神性の発汗，筋肉の緊張など，交感神経系優位な生理的変化がともなう。

　最初はそうであっても，同じ刺激に繰り返しさらされているうち，これらの反応は小さくなっていく。この現象は「馴化（habituation）」とよばれる。

　ほ乳類であるわれわれ人間は生まれつき，ヘビなどのは虫類を恐れる。ヘビに噛まれた，毒で生死をさまよったという直接経験がなくとも，突然出くわせば，動転してもおかしくない。あるいは，自分の足下

から下が見通せるような高い場所（ビルの非常階段や吊り橋の上）で思わず身がすくむという反応も，生得的に備わった反応傾向である。ところが，同じあるいは似たような刺激や状況に，「繰り返しさらされる」経験を持つことで（もちろんその中で事故がなければ），平気でいられるようになる。

　性格の違いとみなされるような個人差も，それまでにどのような刺激や状況に対してどれだけ馴化してきたかの違いから説明できる。大家族で人との交流が多い環境で育った場合と，核家族できょうだいもなく家族外との交流もない環境で育つのとでは，少なくとも就学前までの，人見知りの程度には相当な違いが認められる（生得的な特性も関与するため，生育環境ですべて決定されると考えるのは正しくないが）。

　馴化と逆の現象，つまり，ある刺激に対して，ますます過敏に反応するようになることを感作化（sensitization）とよぶ。この章で紹介する，エクスポージャー法（exposure，曝露法とも）は，ある刺激状況に対して感作化したある傾向を無くしていく（鈍感にしていく）支援であり，脱感作法（desensitization）ともよばれる。リラクセーション反応を利用しつつ恐怖を覚える刺激や場面に対してスモールステップで我が身をさらす治療法は，ウォルピ（Wolpe, J）により開発され，系統的脱感作法（systematic desensitization）とよばれてきた。今日，この方法をそのまま実践することは少なくなったが，本章と次章で解説するエクスポージャー法は，この古典的技法から有効成分を抽出する膨大な研究から生まれた。

　冒頭の，住宅街での銃声のエピソードについて，実は，近くの小学校の運動会の音だったとしよう。近所の住民は，昼間それを繰り返し耳にしているうち，すっかり馴化がすすみ平気になり，昼過ぎには音も止み，住宅街に静寂がもどった。ところがその日の夜，いきなり大きな銃

声がしたらどうだろう（近所のいたずら者が爆竹を鳴らしたとか）。

　昼間のうちにすっかり銃声に馴れたから，その日の夜のその音にも反応しない，ということはあり得ない。誰でも驚き，防御のための反応が生じる。このように，馴化は，ある文脈（日中に近くの小学校で運動会が開催されているという事実）の中で継続的にさらされることですすむ。文脈の外（たとえば夜）であるとか，音の時間間隔がかなりあいた後，あるいは同じ銃声でもその大きさや音質が大きくかけ離れたものであれば，大きな反応が生じる。馴化もひとつの学習（経験による行動のある程度一貫性ある変化）であり，獲得されるし消失もする。馴化という学習が消失するとは，ふたたびかつてのような反応が出現するようになる，ということである。

　ちなみに，さまざまな銃声や破裂音がしても平気でいられるようになるには（平気になることに意味があるかどうかは別として），きわめて長い時間と手間がかかる。さまざまな文脈でさまざまな大きさや質の爆音に，数多くさらされ続ける経験が必要となるだろう。

2. レスポンデント条件づけ

　レスポンデント条件づけとは，もともと快（接近したくなる）でも不快（避けたくなる）でもない，つまり情動を引き起こすことがない刺激（中性の刺激）と，（生得的に，あるいはそれ以前の学習により）すでに情動を引き起こすことがわかっている刺激を接近させて提示すると，中性刺激だけでも，同じ情動が引き起こされるようになる，という学習のことである。オペラント条件づけとならび，学習の基本メカニズムのひとつとされている。

　パブロフ（Pavlov, I. P.）の犬をつかった有名な実験がある。犬にとって肉などの餌は本来的な快の刺激（無条件刺激UCS：unconditioned stimulus) であり，対してメトロノームの音は快でも不快でもない中性の刺激である。研究者から，餌を与えられる度にメトロノームの音を聞かされ続けた犬は，餌が提示されていなくともメトロノームの音だけで唾液の分泌，つまり，快の情動反応を示すようになる。

　レスポンデント学習が成立すれば，実験の後に唾液の分泌を引き起こす効果を持つようになったメトロノームの音は，条件刺激（CS：conditioned stimulus）とよばれることになる。餌の提示はなくメトロノームの音だけなのに引き出された唾液の分泌反応（接近の情動反応）は，条件反応（CR：conditioned response）とよばれる。

　刺激と刺激の組み合わせによって，レスポンデント条件づけの成立のしやすさには違いがあることがわかっている。たとえば，嘔吐をもよおすほどの内臓感覚の苦痛や不快（UCS）と，たまたまその時に口の中にあった食物の味は，刺激の特性としてレスポンデント条件づけが成立しやすい組み合わせであり，たった1回の経験でも条件づけが完成することがある。

　そのため，急に気分や体調を悪くした際の苦痛（無条件反応）とその直前に口にした食物の味や匂い（元々は中性の刺激）が連合することで，後にその食物の匂いを嗅いだり口にしたりしただけで強い嫌悪や苦痛の感情（条件反応）がもたらされる。食物に限らず，ある1度きりの経験，あるいは繰り返しの経験からある刺激を徹底して避けるようになったというエピソードは，このようなレスポンデント条件づけで説明することができる。

　ところがたとえば，嘔吐をもよおすような苦痛と視覚や聴覚の刺激との間でのレスポンデント条件づけはやや生起しにくい。嘔吐で苦しむ際に目や耳に入った刺激，たとえば，店の暖簾やテーブルや酒瓶，かかっていた音楽や仲間の声について，その後もそれを目にするだけで強い嘔

気を覚えるようになることはほとんどない。しかしあり得ないわけではない。とても強烈な, 命を落としかけるような恐怖の体験, たとえば, 津波に流されるとか, 犯罪被害に遭ってあやうく命を落としかけるなどでは, あまり意味の無い視覚刺激であっても, たちどころに条件づけが成立することもある。「大きな地震が発生した時にたまたま観ていたテレビのあるアニメキャラクターが嫌いになった」体験を語ってくれた小学生がいた。一般的には, 感覚に過敏な特性があれば, このような条件づけが成立しやすい傾向にある。このような個人差そのものも生得的であり, 安易に気の弱さとか, 養育環境のせいにはできない。

　認知行動療法の支援の対象となる不安や恐怖, 強い嫌悪の多くは, このような, レスポンデント条件づけによって獲得されたものとみなせる。実際の事例において, 過去における条件づけのプロセスをすべて明確にすることは不可能であるが, ある程度まで明らかにできれば認知行動療法による支援はそれだけ有効となる。それは, いわゆる原因探しのための過去経験の確認でなく, 将来に向けた「再学習」に向けたヒントを得るため, 過去の条件づけ過程を明らかにする情報収集である。

3. レスポンデント消去

　レスポンデント消去とは, 「無条件刺激UCSの提示がないところで条件刺激CSの提示だけを繰り返す」手続きのことであり, それによるレスポンデント条件づけの解除（条件づけの効果を無くしていくこと）現象のことである。いったん獲得されたある条件刺激CSにより引き起こされた条件反応CRは徐々に小さくなり, 見かけ上消失させることも可能となる。この原理をクライエントに十分理解してもらい, その上で自らそれに取り組む勇気を持っていただければ, エクスポージャー法は実施可能となる。

　あるクライエントは，もともと「電車には問題なく乗れていた」のだが（つまりもともと電車の車両は「中性の刺激」であった），あるとき，電車の中で急に胸が苦しくなり意識を失いかけた。その際に，「自分はこのままここで死ぬのか」とも考えた。その後も数回，電車の中で，似たような不快感を覚えた。そのような時は，あわてて途中下車し，ホーム上でしばらく休み，次の電車を待つようになった。そのうち，電車はもちろん，その映像，関連する音，駅の雑踏の光景などまでが不安を喚起し，体調に影響するようになった。とりわけ停車が少ない急行電車を，「閉じ込められるという感覚が生じる」という理由から避けるようになり，その後さらに，各駅停車への乗車も困難になった。他にも，人混み，密集という点で共通する，スーパーのレジに並ぶこと，自動車に乗っていて渋滞にはまること（はまりかけること），レストランで食事をとることまでにも，避けたいという衝動を覚えるようになり，実際に避けることが多くなった。これが典型的な，広場恐怖をともなうパニック症の症状の発展過程である。

　エクスポージャー法では，「無条件刺激UCSの提示がないところ」つまり，命を落とすほどの体調不良が生じることはないところで，「条件刺激CSの提示だけ」つまり，恐怖を覚える状況へ繰り返しさらしていくことになる。その際，いきなり，最も回避したくなる状況，たとえば満員の特急電車に乗ることに挑戦する必要はない。むしろそれは，治療としては望ましくない。恐怖や回避の衝動が強くない，さほど混んでいない時間帯の大型店に入って，そこでしばらく時間を過ごしてみるなど，段階的にすすめるのがよい。それを提案し導き支えるのが認知行動療法のセラピストの役割である。

　馴化の手続きと同じくレスポンデント消去においても，消去を経験する時間間隔があると改善は順調に得られにくくなる。レスポンデント消

去が認められても，時間が経過した後に，条件づけが成立した（恐怖症的な症状が残った）状態に戻ってしまう。これは，レスポンデント条件づけの自発的回復（spontaneous recovery）とよばれる。順調な改善を維持し，再発を防ぐためにもこの現象への考慮は大切である。つまり，再びある刺激や状況を徹底して避けることにならぬよう，消去の手続きのペース配分を調整することが求められる。

　レスポンデント条件づけが成立すると，「条件づけが成立した刺激でなくとも似たような反応が生じる」ようになる。これをレスポンデント般化という。パブロフの実験では，条件づけが成立したメトロノームの周波数とは異なる周波数音でも唾液は分泌する。これと同じで，急に体調が悪くなったのとは異なる路線の電車でも，さらには別の乗り物（バスなど）あるいは道路の渋滞でも，乗り物でなくても混んだ店内でも，不安や不調を感じるようになる。

　レスポンデント般化では，レスポンデント条件づけが成立した刺激（条件刺激CS）との類似度が高い刺激であればあるほど，引き出されるCR（この例だと不快さ）も大きくなる。しかしこの「類似度」は，あくまで本人，クライエントの判断によるので，般化の範囲と程度を他者があらかじめ正確に予測するのは難しい。どの刺激や状況でどれだけレスポンデント般化が生じるかを把握することは，エクスポージャー法をすすめる上では重要な手続きである。情報を集めて，不安階層表（anxiety hierarchy）という，不安の対象ごとに恐怖や不安，嫌悪の強さを数値で示しリストにしたものが作成されることが多い。これが，エクスポージャー法をすすめる上での目安になり，改善度の評価にも用いられる。この際に用いられる数値指標が，SUDs（主観的な障害の単位，subjective units of disturbance）である。

　たいへん気の毒なことに，いわゆる性被害に遭ったあるクライエント

の例で説明する。暗闇の中で襲われた際の加害者のタバコの臭いが恐怖の記憶と結びつき，その連想から自動販売機が目に入ることを避けようとするようになり，結果として外出ができなくなった。そればかりか，よく自動販売機で売られている飲料について，かならずしも自動販売機で購入した商品ではないとわかっても口にすることができなくなった。深刻な事例では，しばしば，このように広範囲なレスポンデント般化が認められる。

　エクスポージャー法による治療では，レスポンデント般化のメカニズムを逆手に利用している。レスポンデント条件づけが成立した，つまり，引き出される恐怖や嫌悪が最も強く大きい条件刺激CSそのものでなくとも，それに近い，関連するが本来の条件刺激CSそのものよりは引き出される恐怖や嫌悪が低い状況や刺激に対して，エクスポージャー法をすすめていくことができる。

　条件づけが成立した状況や刺激（当然，もっともSUDsが高い）とは異なる，さほどSUDsが高くない状況や刺激に対して改善効果（レスポンデント消去）が得られれば，それだけもっと類似度が高い（SUDsが高い）状況や刺激に対しても，「怖さや嫌さがいくらか低くなった」（接近する勇気がわいてきた）という感想が得られやすくなる。

　たとえば，ヘビに対する恐怖症を持つクライエントに，段階的な現実エクスポージャーを行うとする。毒のない生きたヘビを透明なケースに入れて設置し，クライエントが徐々に接近していくこととする。セッションの開始前の不安階層表作成の段階では，「10メートルの距離から観察する」場面でのSUDsが20で，「2メートルの距離から観察する」のSUDsが30だったとする。

　まず，「10メートルの距離から観察する」でエクスポージャーを数回繰り返すことで，SUDsが20から10まで低下したとする。すると，ま

だエクスポージャーが行われていない「2メートルの距離から観察する」のSUDsは，30のままにあるということはなく，20程度までに低下している。それにより，SUDsが20のところからエクスポージャーを開始できることになる。そのような経過により，新しい項目に対してさらされることへの，クライエントの抵抗は一貫して小さくすることができる。最初に不安階層表を作成した時に，SUDsが70以上であったような状況や刺激に対しても，無理なくさらすことが可能となる。

　レスポンデント般化は，「坊主憎けりゃ袈裟まで憎い」ということわざが意味する心理現象である。このことわざで説明すれば，「袈裟に対する憎しみ（不安や嫌悪でも同じ）が収まった時には，坊主に対する憎しみもかなり緩和していると予想される」になる。

4. 「馴れて平気になる」を妨げるもの

　大きな地震と津波の災害で命を落としかけたという経験から，些細な揺れ，大きな地響きのような音におびえるようになった人がいたとする。「あれだけ大きな津波は数千年に1度と言われている。あなたの生涯において再び経験する可能性は極めて低いから安心してよい」と，知識として伝えられて，それまでおびえていた人が安心を得ることはまずない。スピーチを前に極度の緊張にある人が，「目の前の聴衆はキャベツ畑だと思えばよい」と助言されて，その緊張を解くことなど実際にはあり得ないのと同じである。

　考え方，受け止め方を変えることで，強い不安や恐怖，嫌悪が改善される，というのは，普遍的に効果のある支援ではない。パフォーマンス（実際に行動してみること）をともなわずに認知の変容を期待しても，とりわけこのような快・不快の基本的情動に関連した反応傾向の変容には限界があるのは明らかである。

　ある刺激や状況になかなか馴れることができず，いつまでも平気になっていかない場合があるのはなぜなのか。彼／彼女らが不安症になるほどの心に脆弱性をかかえているから，神経発達の特性が定型ではないから，といった説明は，実は説明にはならない。循環論にすぎない。

　行動理論では，不安や恐怖，嫌悪の対象となる刺激や状況をあらかじめ避ける，つまり回避する行動が，馴化やレスポンデント消去を妨げ，そのためにそれらの感情が持続する，と説明できる。したがって，エクスポージャー法の説明として，さらす手続きであるとの説明も正解であるが，「それまで高頻度であったある状況や刺激を回避する行動の選択を減らし，回避の程度を小さくしていく手続き」と説明することもできる。クライエントにおいて自動化した回避行動，回避の衝動をしっかり特定し，それを減らしていくことができていない場合は，治療効果を生むための十分なエクスポージャー法を提供できていない，とみなすことができる。

　このことをセラピストはもちろん，クライエント本人が時間をかけてでも納得することができれば成果は得やすくなる。エクスポージャー法が奏功するかどうかは，まさに，この点にかかっていると言ってよい。

　回避（avoidance）とは，不安や恐怖，嫌悪すべき刺激や状況との接触を予期したところでまだそれに直面していないうちに遠ざけようとする行動全般のことである。ちなみに，直面してから遠ざける，遠ざかる行動は，逃避（escape）とよばれ，両者は区別される。回避は，直面する前に行われる行動で，予期される不快の事態を遠ざけたということでオペラント強化される行動（結果にメリットがあることから繰り返される行動）なので，依存的になりやすい。つまり，実際に回避行動は不要なのに，延々と繰り返され続ける結果となりやすい。

　念には念を入れて，少しでも危険の可能性があれば，あらかじめ避け

ておく。このような習慣は誰にでもある。たとえば，必要以上に多くの歯磨き粉をつけて歯磨きする習慣などがそうかもしれない（実際には，歯磨き粉の量でなく磨き方が決め手であるという）。ある刺激や状況について「もはや避けなくてもよい」ことを実感し納得するには，それに直面したまま時間を経過させる必要がある。歯磨き粉の量を半分以下に減らすことを数ヶ月続け，それでも虫歯にならず，他になんら不都合はないことを知る，そのような実験を何につけ心がけるような生き方の人はまずいない。

　幼い頃に犬に噛まれた経験があり，それ以来何十年も，いっさい，犬という動物に近づかない，触れないという生き方を徹底している人は，「犬という生き物は，やたらと自分を噛むわけではない」ということを学ぶ機会すら持つことはない。人に飼われている犬が人を噛むというトラブルがどれだけ国内で発生しているのか，データがあってそれを知らされても解決は得られない。それを知っても知らなくとも，必要な勇気を出して犬に段階的に接近していく経験が必要となる。

　人間は，言葉を媒介として学ぶ生き物であり，「地球が丸い」ことは大半の人が，与えられた知識でのみで納得している。しかし，恐怖や嫌悪の感情は，しばしば生命維持にかかわることであり，直接の体験がともなわないと理解の書き換えは起こりにくい。「飛行機は自動車による移動よりも桁違いに命を失う確率は低い」ことを知識として示されても，「飛行機は怖い」という人の恐怖心が消えるわけではない。

　エクスポージャーの実践では，クライエントに「なぜそのような治療課題に取り組む必要があるのか」を心理教育として提供し，納得してもらう必要がある。この説明が，治療の成否を左右する。

　回避には，行動を抑制するタイプの回避と行動を発現させるタイプの回避がある。前者は受動的回避（passive avoidance），後者は能動的回

避（active avoidance）とよばれる。

　回避という言葉からは受動的回避のほうがイメージしやすいだろう。引きこもり型の回避，とも言える。不安や嫌悪を引き起こした，予期させる刺激や状況にさらされることのないような行動を選択することである。具体的には，外出をしない，そこにとどまる，より安全と認識する場に撤退する，発言をひかえ注目されないようにひそめる，視線をそらす，考えないようにする，などである。いわゆる不安症の人では，このような行動の出現頻度が多く割合が高い。頭の中で意識しないようにしようとして，かえって意識し続けてしまう，というのも回避の機能を持つ思考行動である（思考も行動である，については，本書第2章を参照）。

　能動的回避とは，儀式行為型，とも言える。そのままでは，不安や嫌悪などがますますつのっていくと認識した状況において，その高まりに先手を打つ，阻止するための行為である。具体的には，声をあげる，他人の言動を制止する，儀式つまりおまじない的な行為をとる，などである。一般的には，強迫症の強迫行為がこの能動的回避の代表例である（第10章でくわしく解説される）。

　第2章で説明したとおり，身体運動だけでなく，考えることも行動である。回避のための行動も，広くとらえる必要がある。不安のために心を閉じてしまうような頭の中での操作も，嫌悪を追い払うために頭の中でばかげたことを浮かべるのも，回避の行動にあたる。起こって欲しくないことを過剰に考えることが，万が一にでもそのような結果が起こった際のショックを和らげようとするためであれば，それも能動的回避のための思考にあたる。大切な試合の前に，ミスすることを強く想像し，「自分の調子の悪さ」をさかんに口にするのもこれにあたる。

5. 回避行動のオペラント強化の理解

　不安や嫌悪は，望ましくない感情である。望ましくない感情を強く体験している中で，その感情が収まることは望ましい変化，メリットである。

　嫌な刺激がある中である行動を選択してみたら，直後にその嫌な刺激が消失したとする。これが繰り返されればその後，そのような嫌悪的な刺激と遭遇しかねないと感じた度に，その行動を生起させようとするだろう。これはオペラント条件づけによる行動変容にあたる（負の強化あるいは弱化子減弱による強化）。

　不安症や強迫症に限らず，心の不健康のサインである問題行動の多くは，このような負の強化で維持されている。予期される嫌悪的な状況がある行動選択で遠ざかる，生起しなくなる，嫌悪の度合いが緩和するという変化は本人にとってメリットである。このメリット出現によって回避のための行動は強化され維持される。

　不安が高まった時に，たとえば信頼できる誰かに相談して不安を解消する，その結果信頼できる誰かに相談する行動が生起しやすくなる，というのであれば（過度に依存的になるようなことがない限り），社会的に望ましい回避行動の表出である。

　他方，人前に立つことをやめる，発言しないことにする，発表するのを断る，というのも，不安の解消につながるが望ましいとは言い難い。適切な回避行動の獲得を支援するのも，認知行動療法のひとつの支援のあり方であるが，できれば，その不安にさらされるエクスポージャー法によって，安心を得るためのコストを小さくしたままにできると，生活の質を高めやすい。行動コストの高い回避が多い生き方は，疲弊を招きやすく抑うつ反応を引き起こしがちである。

　不安など嫌悪的な感情と回避行動選択の間には，「ニワトリとタマゴ」のような関係がある。つまり，回避行動をとるから次に不安をかかえた際，「やり過ごせばそのうち不安が収まっていく」のを経験できない，経験を持てないからいつまでも不安の些細な兆しだけで早々に回避行動をとらずにいられなくなる（回避の衝動に対する耐性がつかない）という，悪循環である。

　実際に，さほどの不安も嫌悪もない中で，回避行動をとり続けることで，いつの間にか，その回避する対象に対して強い不安や嫌悪を抱くようになってしまうことがある。不安や嫌悪が原因となって回避行動が生じるのでなく，回避行動が原因となって不安や嫌悪が高まる，ということも日常的によく生じている。たとえば，家庭内で「濡れた手は常にペーパータオルで拭く（布タオルをいっさい用いない）」を，1ヶ月でも徹底して継続してみてほしい。誰でも，1ヶ月前までは平気でしていた，布タオルで拭く，行為を嫌悪的に感じるようになるだろう。

6. おわりに

　認知行動療法とは，心の問題を，行動と環境のやりとりの中にできあがった悪循環と見立て，それを解消する手立てを計画的にすすめる方法論のことである。

1. 自分自身の何か苦手なこと（人前で話すこと，混んでいるスーパーで買い物をすること，自宅や公共の施設の床に落としたハンカチを手にして自分の手足，顔や毛髪，首，スマホや財布，バッグ，着ている服などをそれで拭く）について，簡単な不安階層表を作成してみよう。10前後の具体的な項目について，SUDsの数値をつけてみよう。

2. 本章の5節で紹介したような，ささいな回避行動の継続にチャレンジしてみよう。たとえばスリッパを家族と共有しないようにしてみるとか，電車でつり革には絶対触れないようにするとか。そのような行動の継続がどのような嫌悪感の形成にかかわるか，経験してみよう。

参考文献

- 神村栄一『学校でフル活用する認知行動療法』遠見書房，2014年
- 三田村仰『はじめてまなぶ行動療法』金剛出版，2017年
- 島宗　理『応用行動分析学—ヒューマンサービスを改善する行動科学』新曜社，2019年
- Sisemore,T.A. (2012). The Clinician's Guide to Exposure Therapies for Anxiety Spectrum Disorders: Integrating Techniques and Applications from CBT, DBT, and ACT（坂井　誠・首藤祐介・山本竜也監訳『セラピストのためのエクスポージャー療法ガイドブック：その実践とCBT，DBT，ACTへの統合』創元社，2015年）
- 鈴木伸一・神村栄一『実践家のための認知行動療法テクニックガイド　行動変容と認知変容のためのキーポイント』北大路書房，2005年

10 | 技法：エクスポージャー（2）
―さまざまな応用

神村栄一

《**目標＆ポイント**》　本章では，エクスポージャーのバリエーションを紹介し，さまざまな困難や症状に対するこのセラピーの応用について解説する。認知行動療法の中でも，この技法への期待はますます高まっている。「回避行動が症状を維持する」という理解の枠組みは重要である。説明のために取り上げられる事例は，成人のパニック症，強迫症であり，PTSDで不登校についても言及する。

《**キーワード**》　エクスポージャー（段階的，短時間，集中的，現実，想像），持続エクスポージャー，内部感覚エクスポージャー法，拮抗条件づけ反応，儀式妨害（反応妨害），安全行動，侵入思考，思考抑制の逆説効果

1. はじめに：エクスポージャーのバリエーションの基本

　エクスポージャーの進め方には，多くのバリエーションがある。それを図式化すると，図10-1のようになる。

　セラピストは事例に関するさまざまな条件を考慮し，推奨される組み合わせの原案をつくりクライエントに提案する。その選択において考慮されるべきこととして，症状（診断）のカテゴリー，クライエントの発達段階や理解力，介入の初期における動機づけの高さ，身近な支援者の理解と協力の程度などがあげられる。

　最も基本となる技法選択は，「段階的で短時間」か，あるいは「持続

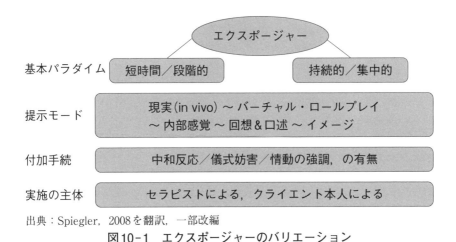

出典：Spiegler, 2008を翻訳, 一部改編

図10-1　エクスポージャーのバリエーション

　的で集中的」か, である。ここで「短時間」とは, 回避したいという衝動をもたらす刺激や状況にさらす時間が短い（数十秒から1～2分）ことを意味し,「段階的」とは不快感情の強度について低い状況や刺激から開始して徐々に高い項目へとスモールステップですすめていくことを意味する。第9章で説明したとおり, しばしば, 100点あるいは10点を満点とするSUDsと不安階層表が用意される。

　エクスポージャーの結果, 不安階層表の中で低位から中位にあった項目のSUDsがかなり低下したのに, 高位にある項目のSUDsが高いままで低下しない, つまり, SUDsの低下に関して般化が生じず, それに相当する刺激や状況へさらすことにクライエントの抵抗が強い, という場合は, 不安階層表の構成に大きな段差がないかを確認する必要がある。SUDsの得点の順に並べた際に, いずれかの項目のSUDsの間に大きな開き（一般には, 100を満点としたSUDsにおいて15以上）があると改善が停滞しやすい。

表10-1　不安階層表の例（数値はSUDs）

01. 仕事上のミスの件で課長の机へ，経緯を説明。	: 100
02. ミスはないが失敗の結果を課長に経緯説明。	: 95
03. 課長の机で，自信ない計画について説明する。	: 90
04. 課長も同僚Yも出席の会議で，自信ない報告。	: 80
05. 課長は出席Yは不在の会議で，自信ない報告。	: 70
06. 課長は不在Yは出席の会議で，自信ない報告。	: 60
07. 課長の机に行き，新しい仕事の指示をうける。	: 55
08. Yの机に行って，Yと仕事の分担を決める。	: 50
09. 課長の机で，自信持てている計画，説明する。	: 45
10. 職場のトイレ・エレベーターで，課長と雑談。	: 35
11. 職場の飲み会で，酔っていない段階で課長と。	: 30
12. トイレ・エレベーターなどでYと雑談をする。	: 25
13. うまくいった仕事について報告，課長の机で。	: 20
14. 自分の机から課長がすわっている机をみる。	: 15
15. 課長が不在の時に，課長の机のわきを歩く。	: 5
16. 課長が不在の時に，職場の机で仕事をする。	: 0

　表10-1には，職場の人間関係に不安をかかえるクライエントの不安階層表を示した。

2. 持続的なエクスポージャー

　「持続的」を選択した場合，1回のエクスポージャーの時間は，最低でも10分以上（もし十分にSUDsが下がったと確認できたのであれば10分未満でもよい），おおむね20〜30分，場合によっては60分程度となる。そのため，1回のセッションの時間は，通常の対話を中心とする場合や短時間で段階的なエクスポージャーの場合よりも，余裕があることが望ましい。目安としては，最低でも50〜60分は必要で，できれば，90分くらい確保しておくことが望まれる。

　「1回のセッションの中である対象に対する恐怖や嫌悪の低下がはっきり自覚できたという経験」をクライエントに持ってもらうことがないまま，つまり，エクスポージャー法の治療原理を実感してもらえないまま，辛さに耐え続けるだけでセッションを終えることは極力避けるべきである。逆に，受診や来談の早い段階からエクスポージャー法の効果を実感し，それに先立つ心理教育で学んだことを実感してもらうことができると，エクスポージャー法では期待される治療成績を残しやすい。エクスポージャー法については，多くの実証研究で，認知行動療法の他の技法と比べても高い改善率や効果量が確認されている。

　持続的エクスポージャーの場合，SUDsにして中程度，100を満点として30〜50前後の項目からすすめることも多い。網羅的にさらしていく必要はない。むしろ，クライエントにとっての回避ポイント，回避の引き金（回避行動を引き起こす手がかりとなっているもの）をしっかりとらえた上で，的を射た曝露がよい結果をもたらす。

　持続的かつ集中的なエクスポージャーでクライエントは，「（最初は）このままさらされると恐怖や嫌悪はますます高まりパニックになる」かのように予想し，回避する衝動にかられる。しかし，セラピストから支えられ，心理教育の内容を思い起こして「衝動をかかえたまま，不安や嫌悪の上昇するのを観察していたら，ほどなく，あるところで恐怖や嫌悪の上昇は頭打ちとなり，その後はむしろ低下してきた」という過程を体験できる。これが，持続的で集中的なエクスポージャーのねらいとするところである。

　時に誤解があるが，「やれば平気だからやってみてください」との説明は正しくない。エクスポージャー法は「実際にさらされてみたら平気だった，取り越し苦労であった」ことに気付いてもらう方法ではない（これらはむしろ，第12章の「行動実験」にあたる）。

　セッションが順調にすすめば，一般には，持続的かつ集中的なエクスポージャーの方が，症状や困難の改善はすみやかに得られる場合が多い。いずれにしても，エクスポージャーについて，様々な選択肢のバリエーションがあるのは，それぞれにメリットとデメリットがあるからである。セラピストとしてそれらをよく理解しておく必要がある。

3. 介入の選択肢：イメージ想起か現実刺激か，折衷か

　エクスポージャーにおける刺激の提示について，イメージ想起によるか，現実の状況や場面によるか，という選択もこの技法において重要な要素である。現実の状況（乗客が多い電車で移動するなど）あるいは，現実の刺激（毒の無いヘビに触れるなど）の利用の場合は，in vivo（「人工的でなく自然な状況で」という意味）とよばれる。それに対して，想像の想起による場合は，in imagery（「想像による」）とよばれる。

　数十秒から1〜2分程度の提示となる短時間で段階的なエクスポージャーの場合，その刺激強度の微調整のためにも，想像による曝露が好都合となる。対して，持続的で集中的なエクスポージャーでは，長時間の想像とするとクライエントの負荷が高く困難なので，現実の状況や刺激による方法が選択されることが多い。

　たとえば，職場で社員の前で企画を発表する際の不安や緊張が主訴にあるクライエントのために，その場面を治療のために現実に設定するのは不可能である。そこで，イメージ想起によるエクスポージャーを前提に，不安階層表が作成され，通常はそれにそって段階的にすすめられる。事件や事故の被害，災害の被災のトラウマなどの場合も，現実の設定は無理なためイメージになるが，この場合，明瞭に浮かべることが苦痛なあまり頭の中で回避しがちな想起になることに注意したい。

持続的なエクスポージャーとするために，セラピストの言語的なイメージ誘導，あるいはクライエント自身が自らの声であらかじめ用意した恐怖や嫌悪にさらされた状況を思い出しながら，あるいは文章として用意し本人の声で録音したものの再生を聴きながら想像する，という手続きがとられる（本章の第7節で後述する，PTSDに対する持続エクスポージャー療法ではこの手法が中心となる）。

現実の刺激かイメージか，の折衷案として，仮想現実の技術を活用した仮想現実のエクスポージャー法（virtual exposure）や，対人場面での不安や緊張の緩和のためにロールプレイを取り入れる方法も実践されている。飛行機に乗る，高く下が見通せるところに足を踏み入れる，雷や台風，津波などの自然現象に巻き込まれる，といった状況については，想像も困難であるため，バーチャル技術の応用も試されている。その他，インターネット上から簡単に手に入る画像や動画も，低コストで刺激をおさえた手段として便利である。たとえば，他人の嘔吐反応に対し強い回避衝動があり，そのために生活上の困難をきたしているような事例において，嘔吐反応の動画をみつけ用いることもできる。ドライブレコーダーの交通事故の映像などは，ネット上にあふれているが，交通事故のトラウマの解消を希望するクライエントにはそれを用いることも，選択肢のひとつとなる。

パフォーマンスをともないながらのエクスポージャー法もある。クライエントに先だってセラピストやセラピーアシスタントが体験し，それを観察することによる行動促進効果を利用することもできる。

外的な刺激だけでなく，身体内部の感覚，たとえば回転運動（回転椅子で回される）や立ちくらみによるめまい，軽い過呼吸反応を用いた，内部感覚エクスポージャー法（interoceptive exposure）は，主にパニック症，あるいは嘔吐恐怖症などで用いられている。過呼吸反応とは，安

静の状態で数十秒の間，あたかも長距離走をしている時のように，口と鼻の中を空気が速く出入りするように，不必要に早い呼吸を「すっすっ，はっはっ」とすることで誰でも誘発できる身体的反応のことである（転倒による怪我には十分配慮して行う必要がある）。手のひらや腋の精神性の発汗，動悸，軽く意識が遠のく感覚の変化を体験できる。

4.　事例による解説：成人のパニック症

　Aさん（男性，30代後半，独身）は，都内のオフィスに勤務する会社員である。新人教育で成果が出なかったことを上司に責められ，仕事量も増え，幹事をまかされた忘年会がある朝の通勤電車の中で急激な体調不良に襲われた。酸素がしっかり吸えずそのまま命を失うような恐怖を覚えた（パニック発作）。その時はなんとか，停車した駅で途中下車し，しばらくホーム上で休んで遅刻する旨を会社に電話し，各駅停車に乗り換えて出社した。

　それ以降，電車に乗ることが怖くなった。強い発作はその時だけだったが，「発作になりかける」感覚を毎朝のように覚え，早めに起床し自宅を出て各駅停車の電車の乗り継ぎで通うことでしのごうとした。しかしそれでも，途中下車してしまうことが増えてきた。一般内科で検査を受けたものの異常はなく，すすめられた心療内科でパニック症と診断され薬物治療を開始した。混雑する朝の電車への恐怖は変わらず，苦手な場所はさらに広がった。路線バスも試したが閉じ込められた印象は電車よりも強く，結局タクシーの利用が増えた。交際中の方と計画していた飛行機での旅行もキャンセルし，関係も難しくなりかけた。映画館や美術館，大型店の2階フロア以上や地下階などでも，「閉塞感を恐怖に感じる」ため避けるようになった。結局しばらく休職することになり，エクスポージャー法を中心とした認知行動療法をすすめられた。

身体内部感覚エクスポージャーと現実場面への曝露が計画され実践された。たとえば電車では，土日の昼頃の，比較的乗客が少ない時間から段階的により人で混む状況へとすすめていった。そしてついに毎朝，いちばん便利な急行車両で通勤することが可能となったところで終結となった。

第9章で解説したとおり，このようなパニック症においても，さまざまな大小の回避行動が，特定の状況や刺激に対する不安や嫌悪を維持している。たとえば，嘔吐への恐怖症があるクライエントでは，自分の体調が悪くなって嘔気を感じることはもちろん，他者の嘔吐の場面に遭遇することを過剰に怖れるあまり，そのような遭遇の可能性がわずかでもある場所（たとえば居酒屋が並ぶ通り，あるいは，幼い子が集まる場所）への接近を徹底して避けようとする習慣がうかがえる。セラピストがクライエントに積極的に質問をすることで，ようやく些細だが見逃せない回避行動が確認されることもよくある。クライエントが口にもできなかったというだけでなく，そのような回避を選択していたことに気付いていていなかった（無意識的だった）場合もある。

5. さまざまな付加的手続きについて

付加的手続きのバリエーションには，①恐怖や不安など，エクスポージャーにより喚起される情動を中和化する，拮抗条件づけ反応（counterconditioning response）で抑制する手続きを加えるかどうか，②儀式妨害（ritual prevention，「反応妨害response prevention」とも）を行うかどうか，③セラピストによる情動喚起増進の教示，誘導等が含まれるかどうか，などがある。

馴化やレスポンデント消去の原理をベースにしたエクスポージャー技法は，ウォルピ（Wolpe, J）の系統的脱感作法にその起源がある。この

方法では，恐怖症に短時間かつ段階的な想像によるエクスポージャーを筋弛緩などによるリラクセーション反応で拮抗条件づけをすすめるのが標準であった（今日では，拮抗条件づけ反応は不可欠ではなく，行動や考えでの回避がおこらないようにするため，効果的なエクスポージャーが行われるための補助的手段と位置づけられている）。

　実際に，過剰な恐怖や不安，嫌悪をかかえるクライエントでは，回避反応が，本人の生活のさまざまな活動に習慣化している。たとえば，他人との接触が最低限となるよう必要品の大半をインターネットで購入している，他人に自分の表情が読み取られずかつ会話を自然とかわしやすくなるというので常にマスクを装着して職場で過ごす，外出先では自分から会話をしなくてすむよう交渉はすべて同伴者にまかせる，という生活習慣をとることなどがあたる。他にも，「いったん頭にすっとはいらないこと」が気になると何度も読み直したくなるような課題（解説書の文章を読むこと）を徹底して避ける，というような生き方かもしれない（もともと読解力は高いにもかかわらず）。不潔が気になるあまり，常に除菌関係の製品をカバンいっぱいに持ち歩く，公共の場所では手すり，ボタン，ドアノブなどに触れずにすむようにふるまう，などである。

　人はだれでも，恐怖や不安，嫌悪の状況や刺激にいきなりさらされると，反射的に防御的，回避的反応をとる。しかし，それをエクスポージャー法で繰り返していては効果を得ることは難しい。配慮なく行われると，回避行動を強化するだけになることもある。効果的なエクスポージャーとするには，状況や刺激に直面すること，そしてある程度の恐怖や不安，嫌悪の感情を高めそれにしっかりと浸されること，を経験し，時間をかけてそれらによる回避したい衝動が「乾燥」するのを待つことが重要である。リラクセーションなど不安に拮抗させるための補助手段も，これら「回避反応をおさえ直面する」ことにつながるのであれば有

効であるが，リラクセーションの取り組みそのものが，気をそらすこと につながることもある。

　エクスポージャーの補助手段として，儀式妨害（反応妨害とも）とい われる方法の組み合わせも重要である。社交不安症のクライエントに とっては，たとえば，商店で店員に声をかける，質問するという能動的 な働きかけは普段から選択されることはない。むしろ，同伴者が代わり にやってくれるのを期待する，極力誰とも目をあわさないようにする， などは，安心を得るための習慣行為となっている。これは安全行動 （safety behavior）とよばれる。エクスポージャーに取り組んでもらい やすくするための妥協として，この安全行動の一部を容認することはあ るが，エクスポージャーの改善効果の減弱を防ぐためには，これらをで きるだけ抑制することの意味についてクライエントと話し合い，回避衝 動の強い状況や刺激にさらし続けることが望まれる。

　エクスポージャー法で支援するセラピストには，クライエントにある 安全確保の行動を感度よくとらえ，判断する技量が求められる。

6. 事例による解説：成人の強迫症（OCD）の理解と 介入

　強迫症（obsessive‐compulsive disorders）とは，およそ人口の20人 に1人前後の生涯有病率で，人生のある時期に著しく生活の質を低下さ せる心のトラブルである。性別人種，文化，時代，生活水準等によって 大きく違いがないことがわかっている。生得的な資質がベースとしてあ り，そこに生活上の何かのストレスが引き金になり発症および悪化を示 すものと理解されている。

　英語のobsessionとは強迫観念，compulsionは強迫行為と訳される。 このように，強迫症とは強迫観念と強迫行為の組み合わせからなる症状

である。強迫観念は「（大人の場合）本人でも意味が無いと分かっているがどうしても繰り返し想起してしまう（自分で想起しているとの自覚がある）考えやイメージであり，本人に不安や嫌悪をもたらすもの」である。強迫行為とは「強迫観念あるいはその不快さを一時的に取り去る，遠ざけるための習慣的行為」のことである。このふたつが一体となった困難が，強迫症である。

　「エレベーターでたまたま乗り合わせた人に対し，自分が『いけない行為をとってしまう（しまった）のではないか』という考えが浮かぶこと」が強迫観念であり，そのような考えによる不安や嫌悪を中和化する（落ち着かせる）ために，「わざわざ手をコートのポケットに入れる」「自分の手がポケットに入っていることを目であるいは触れて確かめる」という行為を繰り返し行うようになる。他にも，「電話の受話器をしっかり置いたかを確認する癖」「ドアの施錠がちゃんとできているか手で確認する癖」などもよくある。誰でも程度の差はあれ，強迫症の素因を持つ，と言える。

　そもそも，健康な普通の人でも，1日のうちに数百回と，「考えても意味の無いこと」「ばかげたことや思い出」をさまざま瞬間のうちに頭に浮かべつつ，それはまず誰にも口にすることなく，なにより生活上の困難に発展させることもなく生活している。多くは，「（広い意味での）損失」につながること，「自分や他人に深刻な害が及ぶこと」を恐れている。「性的，道徳的，宗教的なタブー，表面的な秩序や縁起に関すること」も多い。「宝くじで大金があたったら」「あこがれの人から求婚されたら」というようなものもあるが限られる。これらについて通常は，不安を喚起させる間もなくそのまま放置したまま，忘れる努力も必要なく忘れることができている。これらは侵入思考（intrusive thoughts）とよばれる。

　侵入思考に関する知識を持つことは，強迫症や不安症で苦しむ方への，ノーマライゼーション（異常ではないとして受け止め理解してもらうかかわり）になる。他の動物とは違い高い空想力を持つ人間であることがゆえ，人間にとって侵入思考を封じ込めることは不可能であるばかりでなく，それにとらわれることも望ましくない。屋外で過ごしていて，ある程度の空気の流れ，つまり風に吹かれることを普段意識しないのと同じように，あたりまえのように受け止め，流すことが求められる。

　認知行動療法の支援において，セラピストは安易に「不安にさせる考えがいっさい浮かばないようになる」ことを保証し，それを目標と設定してはならない。完全を求める傾向が平均よりも高い傾向にある強迫症のクライエントの求めに応じて，「余計なことが浮かばず集中したいことに100％集中できる自分になる」ことなど，人間であればとうてい不可能であると理解できるよう，心理教育をすすめていく必要もある（もちろん，強迫症や不安症の方の苦痛は深刻であるので，それをしっかり受容した上で）。

　人間の脳はどうやら，サイダーが注がれたグラスのように，その泡のように，どこからともなく意味の無い侵入思考を浮かべるようにできている。それが，人間らしい空想力を支えている。逆に，これを努力で抑えることは，思考抑制の逆説効果（paradoxical effect of thought suppression）をまねき，制御が困難になる。つまり，延々と浮かべたくないことを浮かべる，いわゆるとらわれの状況になる。強迫症や不安症のクライエントはしばしば，このようなとらわれに苦しむ。

　強迫症は，不潔を恐れ手洗いなどの洗浄行為を過剰に繰り返す症状として知られている。不潔の観念と洗浄の取り消し行為の組み合わせはあくまでひとつの典型であり，他にもさまざまなバリエーションがあること，そこにある確認や繰り返しが症状を持続させていることを知識とし

て身につけてもらうことは支援の第一歩である。多くの強迫症のクライエントは，それまでの生活史のなかで，さまざまなこだわりを経験している。そこに共通するメカニズムとして理解してもらえるとよい。「そういえば，こんなこだわりもありました」という発言があれば，治療が有利に展開しているひとつの証拠でもある。

　強迫症については，「完全を目指して確認したがる衝動の制御が困難な特性が中核である」と理解すると症状を機能的にとらえやすくなる。何度も洗う行為は，汚れ残し，汚れの拡散のないことを確かめたくて，しつこい洗い方になっている。

　加害強迫症は，「罪（害）あることを放置しているリスク」を確認したいという衝動が行為の繰り返しにつながっている。ある確認に「しっくり」できない気持ちが残り，何度も同じ行為を繰り返してしまう。

　信頼できる誰か，それはたいてい母親や配偶者であるが，そのような存在に強迫行為の協力を求める。ある小学生は，商店で商品を購入しレジを通って店外に出るたび，「（自分は）何もとっていないよね」（万引きをしていないかという意味）と母親に声をかけていた。母親はあわてて，「だいじょうぶにきまっているでしょ」などと即答していた。これが，母子の連携による強迫行為になっていたので，これを無効化すること，具体的には母が「わからない」「治療のため応えない」とのみ返すことが，儀式妨害の治療となった。本人も，また，母親にとってもしばらくは辛いやりとりになるが，それが回復のきっかけとなる。

　以下のような，いわゆる縁起強迫もある。Bさん（男性，30代，会社員）は，早くに亡くした父親の代わりにいろいろ支えてくれた伯父（父の兄）の死後半年したころから，その伯父に関連したさまざまな強迫観念を浮かべるようになった。その内容が，「自分によくしてくれた伯父」に対して，「とても口にできない人格を損ねる内容」で，そのような考

えを浮かべること自体の強い恐怖に襲われた。伯父の（言うまでも無く実際にはそのようなことはまったくなかった）私利私欲や衝動表出の視覚的イメージが浮かぶ度に，それを打ち消すための儀式的行為として，そのイメージが浮かんだ際に行っていた動作あらためて3回やり直すという強迫行為を止めることができず，苦しむようになった。

　たとえば，スマホで明日の天気を調べる際に，伯父に関する不快なイメージが浮かぶと，いったんスマホを閉じて再び開いてから天気を調べる，という動作を意味がないとわかっていても3回繰り返していた。道を歩いていた時にその不快なイメージが浮かべば，イメージが浮かんだ位置まで駆け足でもどり，あらためて目的地に向かって歩く動作をおこなった。その他にも，「しっくり感」が得られないと繰り返す頻度が増え，それが趣味の活動にまで広がり疲弊は増大した。受診した医療機関の紹介で，認知行動療法を受けることとなった。

　生活の中で，確認し繰り返したくなる行為の，強さや頻度，それにかける時間などに制限を加えていくことに加え，エクスポージャーと反応妨害の取り組みとして，「あえて強い強迫観念を引き起こすようなことを行い，その上で繰り返しをせずに時間を経過させて衝動が小さくなるまでを自己観察する」課題の継続にかなりの時間を費やした心理教育面接の末，実行することとなった。まずは面接場面で，「伯父の人格を否定するような」動作をして，取り消しを妨害し，わき上がる衝動を観察してもらうことも行った。期待できると納得できたら，ホームワークとして自宅で継続することとした。

　「伯父を汚す」動作としては，①伯父さんの写真をプリントアウトした用紙に失礼な言葉を書き込む，②伯父さんが反道徳的にふるまう内容の創作文章を作成しそれを毎日朗読する，ことを求めた。

　このようなエクスポージャー法により，Bさんは動作を繰り返す強迫

行為の回数を減らすことに成功した。伯父についての強迫観念がまった
く浮かばなくなったわけではない。浮かんでも追い払おうとせず、「浮
かんでいれば」とそのイメージに話しかけるような対処ができるように
なった。残った自身の強迫観念、侵入思考については、「いわば持病の
ようなもの」と受け入れることもできるようになった。儀式行為はほと
んどなくなり、勤務作業への集中も増し、プライベートの時間も楽しめ
るようになって、終結した。その後、多少の調子の波はあっても安定し
ているという。

7. PTSDに対する持続エクスポージャー療法や不登校に対する漸次的接近

　震災被害や事故、犯罪被害、虐待や深刻ないじめなどがきっかけで、
4週間以上時間が経過しても、あるいは、半年以上経過した後にむしろ、
抑うつやフラッシュバック（なんのきっかけもなく酷い目にあった情景
が浮かんでしまうこと）、深刻な回避行動などが持続するために、安定
した生活が回復しきれずにいる場合では、PTSD（心的外傷後ストレス
障害）と診断される。この症状の心理的支援に、持続エクスポージャー
（prolonged exposure）による介入が有効である。
　持続エクスポージャー療法は、さまざまな認知行動療法技法を統合し
てひとつの治療パッケージとして体系化されている。しかし、技法の主
たる目的は、脅威をもたらす自身のある記憶に対してエクスポージャー
を行うことであり、それによって停滞していた記憶の再処理が進み、そ
れがPTSDの主要な症状である、フラッシュバック、過剰な覚醒の持
続、そして回避行動の解消がすすむと説明されている。
　この技法においては、持続的で集中的なイメージによるエクスポー
ジャーを効果的に行うために、トラウマとなった体験の経過の中で、で

きるだけ核心となっている場面（それだけに想起においてもかなりの苦痛をともなう）で，クライエントの記憶の中で乖離が生じ再生困難となり断片化された内容についてクライエントがセッションで語り，その録音を繰り返し再生して聞く，というホームワークが課される。

漸次的接近法（successive approximation）は，本来は，オペラント条件づけにおける行動形成についての用語であるが，わが国では，学校場面における不安から，学校や教室，他の児童生徒の中に入りたいという気持ちはありながら入れない子の支援に用いられている。原理的には，家から学校，教室までの経路において，接近行動を反復する方法であり，エクスポージャーの用語で言えば，現実エクスポージャーを接近行動の繰り返しとしてすすめる方法である。

初めは玄関をでるまで，次に学校への通学路の途中まで，校舎が遠くからみえるところまで，校門あるいは保健室などがある校舎の裏手まで，……というように，接近を繰り返すことをセラピストや教師が支える。現実脱感作の原理を活かし，不安を覚えてもそこで数分やり過ごすことで回避せずとも不安が低減することを経験してもらうことが，再登校につながることも多い。

学習のヒント

1. 自分にとってよくある「侵入思考」には，どんなものがあるか，ふりかえってみよう。
2. 自分にとってよくある「儀式的行為」には，どんなものがあるか，さがしてみよう。何を回避しているのだろうか。
3. 「30秒間の間，シロクマのこと以外だったらなにを思い浮かべてもよい」といわれて，本当にまったく思い浮かべないでやりすごせるだろうか。ためしてみよう。

参考文献

- Foa, E.B., Hembree, E.A., & Rothbaum, B.O. (2007). Prolonged Exposure Therapy for PTSD（金　吉晴・小西聖子・石丸径一郎・寺島　瞳・本田りえ翻訳『PTSD の持続エクスポージャー療法―トラウマ体験の情動処理のために』星和書店，2009 年）
- 原田隆之『心理職のためのエビデンス・ベイスト・プラクティス入門：エビデンスを「まなぶ」「つくる」「つかう」』金剛出版，2015 年
- 原井宏明・岡嶋美代『図解　やさしくわかる強迫性障害』ナツメ社，2012 年
- 飯倉康郎『強迫性障害の治療ガイド』二瓶社，1999 年
- 神村栄一『不登校・ひきこもりのための行動活性化―子どもと若者の"心のエネルギー"がみるみる溜まる認知行動療法』金剛出版，2019 年
- 岡嶋美代・原井宏明『やめたいのに，やめられない（強迫性障害は自分で治せる）』マキノ出版，2013 年
- 芝田寿美男『臨床行動分析のすすめ方：ふだんづかいの認知行動療法』岩崎学術出版社，2017 年
- 島宗　理『応用行動分析学―ヒューマンサービスを改善する行動科学』新曜社，2019 年
- Sisemore, T.A. (2012). The Clinician's Guide to Exposure Therapies for Anxiety Spectrum Disorders: Integrating Techniques and Applications from CBT, DBT, and ACT（坂井　誠・首藤祐介・山本竜也監訳『セラピストのためのエクスポージャー療法ガイドブック：その実践と CBT，DBT，ACT への統合』創元社，2015 年）
- 鈴木伸一・神村栄一『レベルアップしたい実践家のための事例で学ぶ認知行動療法テクニックガイド』北大路書房，2013 年
- 山上敏子『方法としての行動療法（新訂増補）』金剛出版，2016 年

11 | 認知変容技法の基礎

松永美希

《目標＆ポイント》 認知療法の基本的な考え方について紹介し，うつ病など
によくみられる認知の特徴について説明する。また，認知変容を促すための
技法として，認知的概念化とそれに基づいた認知再構成法について，質問の
工夫やワークシートの利用など，具体的な手続きを解説する。
《キーワード》 自動思考，推論の誤り，過度の一般化，二分割思考，認知的
概念化，認知再構成法，ソクラテス式質問法

1. 認知変容の基本的な考え方

（1）認知モデル

　認知療法は，アメリカの精神科医ベック（Beck, A.T.）らによって開
発された心理療法である。ベック自身はもともと精神分析の教育を受け
た医者であったが，退役軍人の抑うつ反応やうつ病患者との臨床体験を
研究にまとめる中で，精神分析的概念に懐疑心を抱くようになり，うつ
病に対する新たなアプローチとして認知療法を生み出した。その後，う
つ病に限らず，不安症，パーソナリティ障害，夫婦問題，物質乱用など
を対象とした実証的研究が発表され，1980年〜90年代にかけて認知行
動療法における大きな流れを作った。

　認知療法は，人の気分や行動は，その人の出来事に対する理解の仕方
によって影響を受ける（Beck, J.S., 1995）という仮説に基づいている。
つまり，私たちの気分や行動，もしくは身体の反応は，出来事そのもの

ではなく，その出来事の解釈の仕方に影響を受けるという認知モデルが
ベースとなっている。出来事や状況のとらえ方（認知）は，気分や行
動，身体の反応に影響し，それらは一方通行ではなく，それぞれ相互的
に影響し，悪循環してしまうこともある。

　例えば，次のような場面を想像してほしい。あなたは人通りの多い，
ショッピング街を歩いているとしよう。そこで知り合いを見つけたの
で，あなたは思い切って相手に向けて手を振ったとする。そのときに，
相手はあなたに気づいたのか気づいていないのか，軽く会釈をして通り
過ぎたとする。それに対して「相手も急いでいたのか」，「自分がもう少
し大きく手を振ればよかったかな。声を掛けたらよかったかな」と考え
ると，相手を気遣う気持ちやさほど大きく落ち込んだ気持ちにならない
が，「自分に興味がないのだろう」，「いつも自分は人から好かれない」
といったように考えると気持ちが落ち込んだり，悲しくなったりする。
そのような気分になると，ショッピングをする意欲が失せて自宅に戻っ
てしまうかもしれない。

　このように，同じ出来事であってもさまざまな解釈が可能である。そ
して，このように出来事の解釈が異なることで，その後の気分や行動に
影響したり，また否定的な気分によって出来事を後ろ向きに解釈してし
まうことがある。出来事そのものが気分や行動に影響しているのではな
く，そこに出来事の解釈，つまり「認知」が影響しているという仮定が
認知モデルである。

　認知療法において，重要な目標はクライエント自身が自分のセラピス
トになれるように，問題や症状に対処するスキルを身に着けることであ
る。セラピストは早い段階で，クライエント自身のエピソードなどを例
に出しながら認知モデルについて心理教育を行い，治療の進め方につい
ても話し合っておく。

（2）うつ病の認知の特徴

ベック（1979）は，うつ病患者と接する中で，うつ病患者に特有な認知の仕方があることを見出し，抑うつや不安といった否定的な感情をもたらす認知的要因を，スキーマ，推論の誤り，自動思考の3つのレベルに分けている。

スキーマは，幼少期から形成された潜在的な信念であり，これが推論の誤りや認知の特徴を生み出すとベックらは考え，抑うつ的な人は，物事を否定的に解釈するようなスキーマを持っていると仮定している。このスキーマは普段はあまり意識されておらず，否定的な出来事とそのスキーマの内容が合致したときに活性化すると考えられている。例えば，「皆から好かれなければいけない」というスキーマを持つ人が苦手な仕事を断るというような場合，そのスキーマが活性化され，それに続いて推論の誤りや自動思考が生じると考えられている。スキーマについては，第13章でさらに詳しく解説する。

推論の誤りとは，出来事の結果や原因に対して，誤った結論を下してしまうことである。表11-1に推論の誤りとその例を表した。例えば，証拠もないのに否定的な結論を引き出すこと（恣意的推論），些細な否定的なことにだけ選択的に注意をむける（選択的注意），わずかな出来事から広範囲なことを恣意的に推論する（過度な一般化）などがある。

このような推論の誤りによって生じてくる思考を，自動思考と呼んでいる。例えば，知り合いに挨拶をしたときにそっけない態度をとられたときに，「自分はあの人からは嫌われているにちがいない」などと頭に自然とのぼってくるような考えを指す。そして，ベックは，うつ病の持続には，自己・世界・将来という3つの領域に渡った否定的な自動思考が関係しており，自分に自信が持てなくなったり，周りとの関係を否定的に捉え，将来を絶望・悲観するようになる「認知の3要素」説を提唱

表11-1　推論の誤りの例

全か無か思考 （二分割思考）	状況を連続体でなく，「成功か失敗か」「白か黒か」といった2つの極端なカテゴリーでとらえること。 （例）「完全に成功できなければ，私は失敗者である」
破局視 （運命の先読み）	他の可能性や現実的にありそうな可能性を考慮せず，未来を否定的に予想する。 （例）「私はこんなに混乱している。今後，私にとって物事がうまくいくことは二度とないだろう」
肯定的側面の否定や 割り引き	肯定的な自己の経験，功績，調書などを不合理に無視するか，割り引いて考える。 （例）「計画は成功したが，それは自分が有能だからではない。単に運が良かっただけだ」
レッテル貼り	より合理的な根拠を考慮せず，自分や他者に対して，固定的で包括的なレッテルを貼り，否定的な結論を出す。 （例）「私は負け犬だ」「彼は悪人だ」
拡大視あるいは 縮小視	自分自身，他者，状況を評価する際，否定的側面を不合理に重視したり，肯定的側面を不合理に軽視する。 （例）「"普通"と評価されたということは，自分には能力がない，ということだ」 「"良し"と評価されたが，これは自分の出来が特に良かったということを意味するわけではない」
心のフィルター （選択的抽出）	全体像を見るかわりに，一部の否定的な要素だけに過度に着目する。 （例）「こんなに低く評価されたということは，私の仕事がどうしようもなくひどかった，ということを意味する」
読心術	他の現実的な可能性を考慮せず，他者が考えている内容を自分がわかっていると思いこむ。 （例）「彼は，私がプロジェクトの重要なポイントを理解していないと思っているだろう」
過度の一般化	現状をはるかに超えた，大雑把で否定的な結論を出す。 （例）「あの会合で居心地が悪かったのだから，結局私には友だちができないのだ」

158

個人化	他者の否定的なふるまいを，他のありそうな見方を考慮せずに自分のせいだと思い込む。 (例)「私が何かへまをしたから，あの人の態度はぶっきらぼうだったのだ」
「ねばならない」 「べき」思考	自分や他人のふるまい方に，厳密で，固定的な理想を要求し，それが実現しないことを最悪視する。 (例)「最悪なことに，ミスをしてしまった。私は常にベストを尽くさなければならないのに」

出典：Beck, J.S., 1995を改訂

している。

2. 認知変容の基本的技法

（1）認知的概念化

アセスメントで得られたクライエントの情報から，クライエントがどのような問題を抱えていて，どのような認知の特徴を有していて，問題の発生や維持に認知の特徴がどのように影響しているのかということを仮定するモデルを作成する。これを「認知的概念化」と呼ぶ。認知的概念化は，認知変容におけるケースフォーミュレーションの大きな柱であり，その後の介入の指針を表すものである。図11-1のような枠組みを用いて，認知的概念化を行うにあたって，セラピストは以下のような点を検討するとよいとされている（Beck, J.S., 1995）。

・患者はいま，どのような問題を抱えているか？　それらの問題はどのように生じ，どのように維持されているか？
・どのような非機能的な思考と信念が問題と関係しているか？　どのような気分的，身体的，行動的反応が患者の思考と関連しているか？
・現在の問題は，患者が幼少期に何を学び，何を体験したかによって

（そしておそらく，どのような遺伝的素因が関係して），生じたのだろうか？

・患者はどのようなスキーマや思考を抱いているのだろうか？

・患者はどのようにして，自分の非機能的な信念やスキーマに対処してきたのだろうか？　そして，それらに対処するために，どのようなポジティブな，そしてネガティブな，認知・気分・行動のメカニズムを作りあげてきたのだろうか？

・患者は，自分自身を，他者を，自分を取り巻く世界を，そして未来を，どのようにとらえてきたのだろうか。今はどのようにとらえているのだろうか？

・どのようなストレッサーが，患者の抱える心理的な問題に関与し，問題解決を妨げているのだろうか？

　認知的概念化はクライエントとはじめて会ったところから作成を開始し，問題の経過やそのなかで語られるエピソード，現在の生活の様子などを聞き取っていく中，数回の面接にわたって作成していくことが多い。認知的概念化の図（図11-1）で言えば，下段の図（状況，自動思考，自動思考の意味，気分，行動）のほうから埋めていくことになる。セラピストはクライエントとの対話のなかでクライエントの現在抱えている問題と関連のありそうな自動思考に注目する。自動思考を把握するにはクライエントに，問題と関連した出来事や，感情が変化した（不安や落ち込みが大きかった）状況を語ってもらい，そのときに，例えば，「その状況でどのような考えが頭に浮かびましたか？」，「その状況は，あなたにとってどのような意味がありそうですか？」，「どのような考えが気持ちを大きく変化させたのでしょうか？」などの質問をしていくとよい。そしてそのような自動思考が生じている状況と，その状況における気分や行動を把握し，認知的概念化を完成させていく。

クライエントの氏名：　　　　　　　　　日付：

診断/問題：

```
関連する幼少期の体験
どのような体験が，スキーマを形成し，維持しているのだろうか？
```

```
中核信念（スキーマ）
患者において最も中核的なスキーマは何か？
```

```
条件つきの思い込み／信念／ルール
患者がスキーマに対処するために，役に立つポジティブな思い込みは何か？
この思い込みと対照的なネガティブな思い込みは何か？
```

```
埋め合わせ戦略
どんな行動がそのスキーマに対処するために役立っているだろうか？
```

状況1	状況2	状況3
問題となる状況は		
自動思考	自動思考	自動思考
その時に頭にある考えは		
自動思考の意味	自動思考の意味	自動思考の意味
クライエントにおいてどんな意味をなすのか		
気分	気分	気分
どんな気分が自動思考に関連しているか		
行動	行動	行動
その後，どんな行動が選択されるのか		

出典：Beck, J.S., 1995を改訂

図11−1　認知的概念化の図

　また自動思考の特定にあたっては，問題となるような状況や大きく気分が動いた際に浮かんだ自動思考を観察・記録（モニタリング）してもらうこともある。その際は，「いつ，どのような状況で（状況）」，「どんな気分になり（気分）」，「どのような自動思考が浮かんでいたのか（自動思考）」ということを記録してきてもらうこともある。それらのモニタリングシートを振り返りながら，上記のような質問を重ねて，自動思考を特定していく。また自動思考がクライエントにとってどのような意味をもっているのかを推測することによって，図11-1の上段にあるようなスキーマの仮説を立てることに役立てる。

　クライエントにとって，自動思考は本当に自動的で，一瞬で通り過ぎてしまう思考であるために，なかなか把握しにくい場合もある。そのような場合は，自動思考をより意識できるようになるために，表11-1の推論の誤りのパターンを使って，自分がおこないやすいパターンを分析してもらうのも一つの方法である。自分の考え方のクセを分析することにより，日常においてもより自動思考に気づきやすくなり，「あ，また○○のパターンにはまっているな」，「また考えすぎているかな」意識できるようになる。そして，自動思考の妥当性を客観的に評価できるようになることを目指す。

（2）認知再構成法

　認知的概念化によって，クライエントに特徴的あるいは典型的な自動思考があり，それらが気分や行動に機能的に作用していないことや，現在の問題の維持・悪化につながっていることが確認されたならば，自動思考の有用性や妥当性についてクライエントと検証していく。

　自動思考の有用性や妥当性については，おおまかには以下のような手順で検討する。

①　その考え（自動思考）が正しいという根拠や理由を挙げてみる。

②　その考え（自動思考）がもしかしたら間違っているかもしれない根拠や，見逃しているかもしれない事実を挙げてみる。

③　①と②を見比べてみて，どのように考えることがより妥当で，役に立つかを検討する。

クライエントにとっては，①は比較的容易だが，②③については難しいと感じる。その際，セラピストがクライエントに異議を唱えたり，セラピストの視点をとりいれるように説得したりするのではなく，セラピストが質問を重ねる中で，クライエントが自ら気づいたり発見したりするよう促す（Beck, J.S., 1995）。この方法を「ソクラテス式質問法」と呼ぶ。ベック（1995）によると，このようなソクラテス式質問法は，クライエントとの協同実証主義をセラピストが心から求めているのだというクライエントの感覚，すなわち，自動思考の妥当性や有用性をクライエント自身がデータを慎重に再検討しながら判断できるよう，セラピストが手助けしているのだとの感覚を促進するとされている。

また，認知再構成法をおこなうにあたり，表11-2のような5つのコラムからなる思考記録表を使って対話することもある。また思考記録表はセッションの間に認知再構成法のスキルを練習するホームワークとしても活用することがある。その場合は，面接内で適切な記録の仕方を伝えておくことが大事である。

思考記録表では，まず，上から3つのコラム，つまり「状況」「自動思考」「感情（％）」までについて，それぞれ，気分が強く動揺した「状況」，そのときに頭に浮かんだ「自動思考」，そして「感情」について書き込んで整理していく。このときに気をつける点としては，「ここ1カ月くらい，調子が悪く課題に集中できないことが続いている」というような，持続的で，あいまいな状況を扱うのではなく，「何日の何時ごろ，

表11-2　思考記録表を使った認知再構成法の例

状　況	2月8日11時頃，自宅で新聞を読んで記事の要約をまとめる課題をしていても捗らず，その様子を見た妻から課題がすすんでいないことを指摘された。
自動思考	・こんな簡単なこともできないので，このまま復職できないかもしれない。 ・即戦力が求められているのに，復職しても周りのお荷物になってしまう。 ・妻にも愛想をつかれてしまっているかもしれない。
感情(%)	落ち込み（95） 不安（90）
別の考え	・今は治療のために休養しているのだから，無理せず，自分のペースでおこなえばよい。 ・職場で即戦力は必要だけど，自分がそうならなくてもよい。 ・職場でも無理せず，自分のペースを守ることが大切。 ・なにも手につかなかった時期に比べるとずいぶんと良くなってきた。 ・妻は自分を心配していってくれているのだろう。
結果(%)	落ち込み（30） 不安（20） 安心（20）

自宅で妻から指摘されたとき……」というように，一つの状況を切り取るように記述することがポイントである。これは，うつや不安をエスカレートさせるような「ホット」な自動思考に焦点を当てるためである。そして，クライエントから具体的なエピソードを聞き出し，問題となるような感情や行動に結びついている自動思考を特定していく。

　感情は，一言で表し，その強さをパーセンテージで表す。これまでの人生のなかでその感情をもっとも強く感じた時を100％とした場合に，どのくらいの強さであったのかを数値化する。

　以上のように，気分が強く動揺したときのことを「状況」「自動思考」

「感情」に分けて整理出来たら，次は，別の見方を探すために，自動思考を支持する根拠とその自動思考と反する根拠を挙げ，自動思考の妥当性を検討する。また次のような質問やヒントをクライエントに投げかけていくことも役立つ。

① 最悪な結果と最も良い結果を想像する

クライエントにとって最悪な結果は容易に想像できても，良い結果やましな結果は想像できていないことがある。考えられる最も悪い結果と良い結果を比較することで，現実的に起こりそうな結果を想像する。

例えば，うつ病で休職中のクライエントが，「このまま病気は悪くなる一方で，職場に復帰もできず，解雇され，生活が破綻する」というような最悪な結果と，「これからどんどんと病気が回復していき，職場に復帰できる。復帰してからも元気に自分の好きな仕事ができている」というような良い結果を想像してみて，自動思考の極端さに気づくかもしれない。そして「以前よりは良くなってきている」，「職場に復帰しても自分のペースを守ればよい」といった別の見方を探すことができるかもしれない。

② 自分の親しい友人や家族が同じような状況に置かれていたら，どのようにアドバイスを与えるかを考える

自分に起きた状況であると客観的に捉えることが難しい場合でも，自分の友人や家族に起きたことであれば，別の見方ができることもある。またうつ病では，自分を責める気持ちが強くなったり，完璧主義的思考から抜け出せず物事への要求水準が高くなることが多い。しかし，大切な友人や家族に対しては，やさしい声かけをして励ますことができる。親しい友人や誰かに置き換えることで，自分を労わったり慈しむような思考を探すことができるようになる。

③　自分の能力や責任以外の理由を探す

　過度に自責感や罪責感の強いクライエントに対しては，自分以外の要因を挙げてもらうことも有用である。例えば，仕事が予定通りに終わらなかったのは，自分の能力だけでなく，ほかの仕事を急に頼まれたり，急いで返事しなければいけないメールが届いたりなど他の要因が影響していたかもしれない。

④　気持ちが楽になる考え方を探す

　シンプルに，少しでも気持ちが楽になる考え方を見つける。また友人や家族から，どんな言葉をかけてもらったら元気になりそうか，楽になりそうかとイメージしてもらうのも良いであろう。

⑤　役割を替えてロールプレイをおこなってみる

　表11-2のように，相手があるような場面であれば，セラピストがクライエント役を，クライエントが妻の役というように，いつもとは立場を変えてみることによって，違った見方に気づきやすくなる。

3.　まとめ

　本章では，考え方に働きかけることで気持ちや行動をコントロールする技法として認知療法を紹介した。「考え方」も行動と同じように，これまでの生活のなかで自然と身についてきたものであり，クライエントにとっては自動的でなじみの深い反応である。したがって，自動思考を把握したり，別の考えを案出することはクライエントにとって容易ではないが，セラピストがクライエントに「正しい」思考を教え込む，植え付けるということではなく，クライエント自らがいつもとは違う角度から状況を眺められるように，さまざまな質問を投げかけながら協働的に進めていくことが大切である。また，考え方を180度変えることやポジティブシンキングが重要なのではなく，考え方の幅やレパートリーを広

げる，考え方とうまく距離をとるということを強調しながら，根気強く取り組んでいくことも大事である。

1. ここ2週間くらいの出来事で，少し気分が落ち込んだり悲しくなった出来事をどれか1つ思い出してみよう。それについて，本章で紹介した思考記録表の5つのコラムや，別の考え方を探す質問やヒントを使って，認知再構成法をしてみよう。

引用文献

● Beck, J.S. (1995). Cognitive therapy: Basics and Beyond. Guilford Press. (ベック, J.S.　伊藤絵美・神村栄一・藤澤大介訳『認知行動療法実践ガイド：基礎から応用まで―ジュディス・ベックの認知行動療法テキスト―』星和書店，2004年)

参考文献

● Wright, J.H., Basco, M.R., & Thase, M.E. (2017). *Learning Cognitive-Behavior Therapy, An Illustrated Guide*: American Psychiatric Association Publishing (ライト，J.H. ほか　大野　裕・奥山真司監訳『認知行動療法トレーニングブック第2版』医学書院，2018年)
● 厚生労働省「うつ病の認知療法・認知行動療法　治療者用マニュアル」
https://www.mhlw.go.jp/bunya/shougaihoken/kokoro/dl/01.pdf

12 | 認知変容技法の発展（1）
―行動実験

神村栄一

《**目標＆ポイント**》　人生は，「やってみたら意外にも……」という経験の連続である。自分や自分をとりまく世界に対する思い込みを，実生活における実験とその振り返りから修正する，つまり現実から学ぶことで生活の質，心身の健康は回復できる。それを認知行動療法の技法として提供するのが行動実験である。手続きとしては現実場面や刺激にさらすことによるエクスポージャー法と似ているが，クライエントの受け止め方や思い込みの修正がねらいとなる。
《**キーワード**》　行動実験，認知モデル，自動思考，確証バイアス，恥かき訓練

1. はじめに：行動実験とは

　認知行動療法において，クライエントが自分自身，自分をとりまく状況などについて，偏りの強い受け止め，思い込みや信念を持っている場合，それを修正することが目標とされることになる。しかし，セラピストがクライエントの認知におけるアンバランスさを指摘し，言語的な指示で修正を求め，それで順調に困難や症状の改善がすすむことは稀である。「あなたが思うほどに周囲の人はあなたのことを嫌っていたり敬遠していたりすることはない」とか，「あなたの能力はあなたが心配するよりは十分高く，実際あなたはよくやっている」などと，多くのクライエントは普段から，そのような言葉をかけてもらっている。拒食症の患

者が他人から，「あなたはそこまで痩せなくても十分魅力的である」と言われて回復したという例はおそらくない。

認知の変容に焦点をあてる認知行動療法の介入において，まずクライエントには，認知モデル（cognitive model），つまり，出来事⇒その場で浮かんだ思考⇒感情や感情的ふるまい，という枠組みでとらえることが求められる。ここで，その場で浮かんだ思考が，自動思考（automatic thought）である。このモデルで自分の，症状に関連したパターンをとらえる作業を，クライエント自身に習熟してもらう必要がある。

本章で紹介する行動実験（behavior experiment）とは，このような作業を，セッション室における言葉のやりとり，本人による主に言語的な振り返り（ワークシートへの記入）だけでなく，現実の体験から効果的に学ぶ方法である。

実験とは一般に，「ある理論や仮説が正しいかどうかを人為的な手続きによって確かめてみること」を意味する。これは，認知行動療法で重視される協同実証主義（collaborative empiricism），つまりセラピストの役割は一方的に正しい知識をクライエントに伝達することではないという哲学によく合致する手法である。セラピストに学ぶ，ではなく，クライエントが体験する現実から学ぶ，ことが可能となる。

行動実験とは，大学教育における，学生，その研究のテーマ，そしてその研究を指導する教員の関係にたとえられる。研究のテーマであるからにはその結果や結論は最初の段階では明らかになっていない。たとえある学問的背景から導かれているとしても，検証が十分でないから仮説とされる。その検証のためできるだけ信頼できる研究結果や考察を集め，自らの手であらたに調査や実験を行う。そこで得られたデータや資料を学生と指導する教員が吟味し，そこから無理なく導かれる結論をまとめる。仮説が支持されなかったとしてもそれは失敗ではない。実験や

調査として成功か失敗かは，公平なデータの収集と分析ができたかどうかで評価される。

　クライエントがしばしば抱く，「自分は好かれない」「自分は能力が低い」「体重をもっと落とさない限り自分に価値はない」という考えは，常に仮説であり，ほとんどの場合，数少ないエピソードから導かれた結論であり，真の意味で公平な検証はなされていない。むしろ，仮説であるだけに，頭の中で延々と考え込みがなされると言える。「太陽は明日も東から昇るだろうか……どうだろうか」と考え込む人はいない。誰もそれを疑わないからである。

　周囲の人がクライエントに言う，（あなたは）「十分好かれている」「十分に能力が高い」「痩せなくとも十分な魅力がある」などという言葉かけも，それが母親からだろうが，心についての専門家によるものであろうが，ひとつの見方，ひとつの仮説に過ぎない。

　たしかに，対立する仮説から結論を導くためには，「互いの論理的な矛盾を指摘しあう」ことで検証することも可能である。それがオーソドックスな認知再構成法である。しかしそれにも限界がある。そこで用意されているもうひとつの方法が，行動実験である。手間はかかるが，重要な判断について人は，言葉からではなく，自分が直接経験した事実から，より効果的に学ぶことができる。

2. 観察調査型の行動実験：うつ病と診断された 2つの事例から

　観察調査型の行動実験とは，「現場であらためて冷静に（しばしば数値で）評価してみる」ことで，思い込みを改善するきっかけとする方法である。

事例Ａ：抑うつの成人男性

　ある工場に勤務していた30代の男性Ａが，抑うつを主訴として来談した。「自分はミスが多くいつも注意される」「上司からは『だめなやつ』とみなされている」と涙を流しながら語った。それまでの辛さを受け止め，改善にむけ努力し来談したことへの敬意を伝えた上で，次回までに「自分を含む同じ製造ラインのメンバーの『ミスの回数』を数えてくること」をホームワークとして課した。公平な比較となるよう，データを集める期間をそろえることも確認した。

　2週間後の次のセッションでその結果をうかがうと，公平な比較が可能だった6人のうち最も多かったのはＡではなく別のメンバーで，Ａは「多い方から3番目」で，しかも「Ａと同じ回数だった同僚が他にひとり」いたとのことだった。セラピストがやわらかく（ここでセラピストが強い態度にならないこと，相手にそう映らないことが重要となる），Ａにそれらの結果について感想を求めた。

　まずＡは，「一番多かった人は新人だったから比較にならない」と答えた。セラピストが「なるほど。でもその方を除いてもＡさんより多い人，同数だった人がいるということについては」と指摘すると，Ａはしばしの沈黙のあと，「やはり，自分のことはよけいに悪い印象を残すのでしょうね」と答え，「自分はもともとネクラでした，ネアカを装ってきましたが」と別な視点から自身のマイナスな特性を強調した。

　セラピストは「自分のことになると，とにかくマイナスの評価を下しがちになるのが，抑うつ状態の特徴であり，Ａさんがしっかり公平にホームワークを実践されたことによってそのことが確認できた」と伝えた。このようなやりとりにより，認知の修正による介入がその後も順調に進んだ。その後のＡは，休職することもなく，作業負荷のわずかな調整で回復した。

事例Ｂ：元気がない男子高校生

　担任から「元気がない」と教育相談をすすめられた男子高校生Ｂは，「自分はおもしろいことを言えないので，クラスでも部活メンバー内でも低くみなされている」との不安を訴えた。そこで，「クラスの中でみんなをよく笑わせている男子の人数」を思い出し，あげてもらった。その結果，「クラスを笑わせることがよくできる生徒」は，せいぜいクラス20人の男子の中で2〜3名であること，残り多くの男子は一緒に笑う，リアクションするだけであることが確認できた。

　するとＢは，「成績がよいとかスポーツができるならば，みんなを笑わせることが言えなくてもランクは低くならないが，自分はそうではないので不安だ」と語った。そこで，「成績がトップクラス」「運動部で中心選手である」生徒をあげてもらったが，それでもクラスの男子の半数以上が「その他」に該当することが確認できた。このようなやりとりが，回復のきっかけとなった。

　人間である限り，さまざまな認識の偏りを持つ。セラピーの中でそれについて，わかりやすく心理教育するのもよい。確証バイアス（confirmation bias）とはその代表的なもので，すでにできあがっている思い込みに一致する情報ばかりをピックアップしてしまう，誰にでもある傾向を意味する。

　人間は，色眼鏡をまったくつけずに，物事を判断することはできない。心理学の教科書によくある錯視図を，紙やホワイトボードに描きながら説明してもよい。ありがちな思い込みを解消することができれば簡単に正解に至るような問題を例に出してみるのもよい。

　他にもたとえば，「クリスマスも近いのに，休日をカップルで過ごせないような自分は生きていてもしかたない」と語るクライエントには，

休日のある一定時間，大型店のエスカレーターを上がってくる「20から30代の男性」のうち，「女性と二人で」の数と「男性同士または男性ひとりで」の数を数えてもらうことを，ホームワークとして試してもらう，ということもできる。

　抑うつや不安の問題をかかえた方だけでなく，たとえば，さまざまな理由から飲酒を控えなければならない状況にある成人クライエントに対して「職場の送別会で最初からノンアルコールで参加している社員の数が果たしてどのくらいなのか」を数えてもらう，という方法もある。

　「職場の同僚のほぼ全員が競馬にはまっている」というギャンブルの問題をかかえたクライエントにも，その「ほぼ全員」が果たして本当に「ほぼ全員」という表現に合致した割合であるか，冷静に数えてもらうこともできる。ついでに，「例外的存在」つまり，職場でみんなと親しく会話もするが競馬はしない，という同僚について，みんなで競馬の話をしている場面でどのように過ごしているかを調査してきてもらうこともできる。認知行動療法では，さまざまな生活場面での対処方法を獲得してもらうことを求めることが多いが，その場合，クライエントの生活領域から「（同じ状況でも）適切な行動がとれている」モデルを探しだし，そのモデルがとる対処が参考にならないかと検討してもらうことも，便利な方法である。

　セラピストが健康な人生の送り方の師匠であり，クライエントが学びを請う弟子であり，という関係性は，行き詰まりを迎えやすく，クライエントが過度に依存的になることもある。クライエントとセラピストのプロフィール，生活環境や経験，学歴や職歴の違いがネックになる，というのを緩和することにもつながる。

3. エクスポージャー法が結果的に行動実験として奏功した事例

　行動実験の手続きは，馴れやレスポンデント消去を変容の原理とする，現実エクスポージャー法とよく似ている。エクスポージャー法はあくまで，馴化やレスポンデント消去をすすめるため，時間とさらすセッションの数を費やす必要がある（第9章，第10章）。行動実験では，クライエントの困難や症状に関連した，ある偏りがあるとみなされる受け止め方に関連する状況から実験や調査によってデータを集める。その結果，偏りから生じた仮説を指示する結果が得られるか，反する結果が得られるか，検討し，偏りが影響しているようだとなれば，そこから替わりとなる，受け止め方を検討する段階にすすめる。

　行動実験のねらいは，認知の変容であり，現実場面での（in‐vivoの）エクスポージャー法がねらうのは，ある状況や刺激によって引き起こされる恐怖や不安，嫌悪感などの情動反応，回避反応の変容である。

　このように背景となる理論が異なる2つの技法であるが，実際には，「現実エクスポージャー法として状況や刺激にさらしてみたら，初回から想定されていた不快感情の上昇は生じず，クライエントの思い込みによるものであることの理解が進んでセッションを終えることができる」場合もある。その場合は，エクスポージャー法でなく行動実験となっていると判断し，試した前後で認知とその確信度がどう変化したのかについて，焦点をあてていく。

　ただし中には，エクスポージャー法の中で何らかの安全行動（第10章参照）をこっそり行い（まったく別のところに注意を向けて気をそらしていた，など），それによって「平気でした」との感想を語るクライエントもいるので慎重な判断が要求される。

以下に示す事例では，エクスポージャー法による介入を計画したが，恐怖や嫌悪の高まりを体験することなく，それまで徹底的に回避していた状況や刺激へ直面できるようになった。

事例C：埃恐怖の女子大学生

両親と弟の4人家族。自宅から大学に通っていた。埃が身につくこと，上半身から首筋，顔，髪の毛について，それが入浴しても皮膚に刺さるようについて落とせなくなるのではないか，という恐怖のイメージを打ち消すことができなくなった。埃のせいで，自分の部屋の掃除も困難になった。しばらく母親に掃除をまかせていたが，ある時，母親が，Cにすればかなり手抜きの掃除をしていたことがわかり，その日以降，自分の部屋にはほとんど入らず（やむを得ない時には透明のゴミ袋をかぶって入り），下の階の，荷物が少ない客間で寝起きするようになった。

通っていた大学でも，学生用のゼミ共有スペースや実験室，など埃がたまっているように思える部屋に入ることがストレスとなり，帰宅してまっ先にシャワーを浴びて着替え，寝る前に再度シャワーを浴びてから，自分専用の寝室として占拠した客間で寝るという生活になった。加害強迫傾向も強くなったため，認知行動療法を希望して来談した。

経過と現在の困難を整理した初回に続く2回目で，エクスポージャー法の説明として，セッション室においてあるホワイトボードの上の部分をセラピストが指でなぞり，それについた埃の塊にどれだけ，接近可能かと試してみたところ，1メートルどころか，顔の前10センチでも動揺がなかったので「自分の人差し指で受け取ってみること」「それを両手のひらにつけること」「そのまま，頬に両手のひらをつけること」さらには「そのままの自分の手で髪の毛をなでること」などを依頼した。目の前でセラピストも同じ行為を行い，促進した。

　セラピストは「苦しかったら無理はしなくてよい」と伝えたが，そのまま埃のついた手で，顔，髪の毛に触れるまで達成できた。クライエントは「恐れていたのは，想像の埃で実際の埃ではなかったのかもしれない」と語った。その日から，自分の部屋のベッドで寝起きできるようになった。部屋の掃除も自分でするようになった。大学でも困難を感じなくなり，掃除を積極的に行うようになった。ただし，加害の強迫症症状については，その後も時間をかけた，想像と現実のエクスポージャー法が必要であった。それは苦しさをともなうものであったが，埃の克服がはげみになった，と後に語った。

4. 実験型の行動実験：社交不安における
　介入のバリエーション

　社交不安症は，他者の自己に対するネガティブな評価を恐れ，回避するために，いわゆる対人的な接触が少なくなり，生活に支障を来す問題である。一般には思春期に高まり，さまざまな社会的接触を経験することで緩和し事前治癒する場合もあるが，回避が著しくなり，いわゆるひきこもりの生活として慢性化する場合もある。

　人が自分をどのように思っているのか，心の底でどれだけネガティブに感じているのかについて，嘘も誤解もない真実を知ることはこれだけ技術がすすんだ今日でも不可能である。そこにこの問題についての行動実験の難しさがある。

　「自分のことを内心で『親しくなれない』『話題が見つからないので緊張する』『鼻持ちならないやつと思っている』『口臭や体臭がきついから嫌だ』などと感じている人が多いのではないか」という仮説を，否定する動かない証拠を集めるのは難しい。他人が評価した言葉が本心でない可能性を打ち消すことはできない。

　では，「自分と表面上親しくつきあってくれている人でも，本当は自分のことを嫌っているのではないか」という自動思考，思い込みは，どのような行動実験で「棄却」できるだろうか。

事例D：自己臭恐怖症の男子高校生への行動実験

　Dは中学校までは明るく仲間も多かった。中学2年のある時，同じ運動部で親しくしていた友人から，「おまえ臭いよ」と笑って言われてから，自分から発する匂いが気になり始めた。高校で思うように親しい関係が作れないと，それが「自分から発する臭いのせいではないか」と深く悩むようになった。母親には学校に着ていくシャツについて過剰に入念な洗い方や高額な洗剤の使用を求めるようになり，さまざまな「体臭消し」の商品を購入しては試し，しかしそれでもなかなか安心できなかった。医療機関も受診したが，「身体的にはまったく問題ない」とされ，いずれでも精神科の受診をすすめられた。そこからさらに認知行動療法をすすめられた。数回のセッションの後，次のような行動実験を提案し実施した。

　年齢が近い男子大学生3人に協力を求め，Dとあわせ計4人に，まったく同じ色とサイズのTシャツに着替えてもらった（こっそりタグに①から④までの識別を油性マジックでつけておいた）。4人全員に，暑い時期の暑い建物の中で激しい運動を求め，発汗を促す食物をとってもらった。その後，Tシャツを脱いでもらい，ランダムにテーブルの上にならべた。そして，D本人と母親，協力した大学生の全員が，4枚のTシャツの臭いを嗅ぎ比べ，評定した。それを集計した。

　結果，4枚のTシャツのうち，飛び抜けて「体臭の匂いがきつい」との評価が高かったものはなかった。4枚の評定の平均を求めたところ，ほとんど差はないが，D本人が着た番号のものは，4枚中3位であった。

Dと母親とセラピストだけに残ってもらい感想を求めた。Dは「しばらく時間が欲しい」と語った。次回のセッションでDからは，「完全に納得したわけではないが，今は，とらわれてしまっていたことを理解している」との感想が得られた。その後，受験勉強に集中できるようになり，大学受験も果たした。

事例E：汗のせいで嫌がられるという女性

似たような介入をした他の事例もある。汗をかきやすく，公共の場所に出かけにくい，ということにこだわる，20代の女性Eである。まず，段階的なエクスポージャー法で，帽子とマスクで母親と電車や人混みの中を歩けるようになった後，「あえて無地で薄い色がついたTシャツの脇などに，お手洗いの中で噴霧器を用いてわざと濡らし，汗をかいているように見せた上で乗客が多い時間の電車に乗り，サングラスをかけた目から，周囲の乗客の反応を調べる」実験に挑んでもらった。その結果，「公共の場所で人は他人をほとんど気にしないものだ」という実感を持つことに成功した。

社交不安傾向があり，ひきこもり，それに近い状態になっていることからの改善を希望するニーズは多い。恥かき訓練（shame attack）は，上述のように，公共の場所で，明らかな迷惑にならない程度の，対人接触を持つ，ある価値観からすれば恥ずかしいと思えるような行動をとってもらう，などを促す練習である。

実際には，セラピスト，できれば家族などの協力を得て，クライエントひとりに恥ずかしいことをしてもらうのではなく，複数で挑んでみるのがよい。

○コンビニでセルフコーヒーを購入した後，店員に「甘くしないと飲めないのでシロップを3個（5個でも！）入れたいが追加料金はか

かるか」と尋ねてみる。

○家電量販店などで数百円ほどの商品を手に，近くの店員に次のように尋ねてみる。「この製品をもっと値引きしてもらうことは無理でしょうか」。

○（男性クライアントが）店員すべてが女性で明らかに女性向けの商品のみを扱う店舗（例，化粧品売り場）で，「この店舗で男性のアルバイトを募集していないでしょうか」と尋ねてみる。

○空のペットボトルに「犬のリードにみたてた」紐をつけて，人が多い公園，あるいは繁華街を，あたかも「ペットボトルをつれて散歩している」かのように，地面を引きずって歩く。

○文具店で同じ商品を2つ以上購入し，あとからレシート持参の上そのうちの1つの商品の返品を店員に願い出てみる。

○帽子を2つ重ねてかぶって歩く，あるいは，極端な「寝癖」のヘアスタイルを整髪料でつくり，人通りの多いところを歩き，商店で店員に声をかける。

○駅のホームでまったく知らない人に，「タナカさんですよね。おひさしぶりです」と声をかけ，相手から「人違いではないでしょうか」などと言われたら，丁寧にお詫びする。

○飲食店での食事中，頬にご飯粒をつけたままで店員さんに声をかけ，お茶のおかわりのお願いをする。万が一，ご飯粒がついていることを指摘されたら，お礼を言って，ついているご飯粒を口に入れ，「これでとれましたか」と尋ねる。

○デパートなどにある少し高級な店舗で店員に，「この店の次のバーゲンセールの日程は決まっているのでしょうか，それはいつからでしょうか」と尋ねる。

○屋外を歩いても問題にはならない程度の目立つ服装（「ウォーリー

をさがせ！」のウォーリーの服装や眼鏡など）をして，大学のキャンパスの昼休み時間に，ベンチで休憩している学生に声をかける。できれば，「今日，こちらでオーディションがあると聞いたのでやってきたのですが，会場がどこかわかりますか」などと尋ねてみる。

　良識を守ること，相手の明らかな迷惑にならぬようにすることを守りながら実践し，商店ではできる限り何かを購入するなどの配慮も欲しい。最初は，セラピストが協力することが望まれる。自分の実践を撮影し，「こんな恥ずかしいことをしてもだいじょうぶだった」ことをクライエントが後から繰り返し思い出すのも効果がある（一般の人を許可無く撮影することは許されないので注意すること）。

　このほかにも，人前，初対面の人との会話の様子などを録画し（許可を得た上で，撮影されるのはクライエント本人だけが原則），その様子をクライエント本人が繰り返し再生して視聴するという方法もある。これ自体は，健康な人にとっても相当なストレスになる課題であり，それに数十分間自らをさらすことは，むしろエクスポージャー法になる。

　このように，人目を過剰に気にする，他人の心に映る自分，他人からの評価を気にする症状があるクライエントには，認知の歪みに対する行動実験的介入と，馴化やレスポンデント消去に相当するエクスポージャー法の繰り返しの両方の組み合わせが改善へのきっかけとなる。

5．うつ病の方への行動実験を含めた行動活性化

　うつ病のクライエントは，さまざまなことについて「やっても意味が無い」「どうせ楽しめない」というような思い込みに支配されていることが多い。そこで，次のような実験への取り組みが可能となる。

　「どうせ楽しめない」という予想がどれだけその通りか，実験で試し

てもらう。「抑うつの程度をリアルな生活の中で確認するため」という提案でもよい。それは，実際に，抑うつによる生活機能の低下をアセスメントすることになる。

　たとえば，自宅のテレビ番組の録画機に，自分があるいは家族の誰かが以前録画してそのまま残っている「漫才」「お笑い番組」などがあれば（動画サイトから見つけ出すこともできる），それを再生して観て，「つい笑ってしまう」ことはないか，声を出さなくとも「表情を緩めてしまう」ことが起こらないか，確認してもらう。

　「昔おもしろいと思ったことでも，何も頭にはいらない」と訴える方にも，新聞や雑誌の短いコラムを読んでもらう，あるいはセラピストが声を出して読むのを聞いてもらい，「この文章を書いた方が言いたいことは結局なにか，○○に反対か賛成か」などと問いかけ，答えてもらうことも実験である。

　しばしば，「よく理解できませんでした」「頭にはほとんど入りませんでした」などと言いながらも，大筋を正しく答えることができるクライエントも多い（いずれにしても，初回でいきなり行うのではなく，認知機能の障害の程度について，ある程度，維持されていることを確認した上で行うとよい。当然ながら，深刻な思考や理解，記憶の障害が明らかであれば提案も実行もしない）。

　「以前はもっとしっかり頭にはいったような気がする」と答える方もあるが，「でも大意はつかんでおられますよ」とか，「ということは，かつてお元気だった頃は短い期間で細かいところまで頭にいれることができたのですね」などと，今現在でも十分機能していること，今の機能の状態でよいので少しずつ，できそうなことを広げていく（行動活性化になる）ことを提案する。

　うつ病のために，自宅で静養されている方はよく「毎日何もせずに過

ごしています」などと口にする。「何もできていません，もう，回復できないのではないかと思います」という理解が，その言葉どおりなのか，悪い方へと偏って解釈していることはないのか，を調べるため，として，来談の前日，あるいは来談日の来談までの，細かな生活スケジュールを確認して書き出してみることもできる。「何もできていない」はずなのに，食器を洗う，食洗機に入れる，ゴミ出しをしている，など，自発的にあるいは家族に頼まれたことをできていることがある。

　調査観察型の行動実験（やれていることの確認）⇒実験型の行動実験（読んでみる，観てみる，やってみる，出かけてみる，いっしょに出かけてみる，声をかけてみる，など）⇒より計画的な行動活性化，というのは，うつ病の方，うつ状態にあり自己評価を低めている方，ひきこもりにある方の支援における，標準的な展開である。「できない」「たのしめない」「うまくやれない」「相手は応じてくれない」「断られる」「失敗ばかりになる」というような，ネガティブな自身の予想が行動実際の結果，どうなるかを比較する。そして，心理教育を再度行う。「ある部分はうつ病の症状であるが，それで自己をさらにマイナスに評価し，あるいは自己を責め，将来を悲観しすぎること，活動を減らしすぎることで，うつがさらに悪化する」などと。

　時にクライエントは，自分のネガティブな考えを「ポジティブに解釈しなおそうとする」セラピストとの関わりに，不快感，時に怒りに近い反応を示すことがある。受け止め方をポジティブにするのが，認知行動療法の目的ではない。「予想したほどまで悪くはない」ことを確認するだけで十分であり，「時には予想通りネガティブであった」，つまり，昔感動した映画をDVDで観たがそれほど感動はできなかった，友人を誘ってみたが都合がつかないと言われた，あるいは，買い物に出かけるつもりが出かけることができなかった，という場合もある。

「全てがネガティブな結果に終わる」の反証は,「全てがポジティブな結果に終わる」ではない。「ネガティブな結果もあれば,そうでもない結果もある,時にポジティブな結果もある,それが人生である」を改めて確認することで十分である。健康な人は,全面的にポジティブに受け止めているわけではない。「プラスもマイナスもあると認識しているが,プラマイゼロよりは少しポジティブなところあたり」が標準である。

6. 行動実験を効果的にすすめるために

認知行動療法に限らず心理療法は,クライエントのかかえた困難や症状に対して,専門性ある立場から真摯にすすめるべき作業である。その点をあらためて確認した上で,誤解を恐れずに解説すると,行動実験には,よりふんだんに「遊び」の要素が含まれる。つらいノルマをこなす,ということになりかねないうちは,介入を先送りしてもよい。行動実験を提案する上では,タイミングの判断が重要となる。実践してもらえれば,効果はかなり大きいので,急ぐ必要はない。

認知行動療法のよいところは,さまざまな手法が用意されていることである。「この技法に必ず取り組んでもらわないと改善はあり得ない」ということはない。確かに,困難や症状ごとに,「おすすめ技法セット」(いわゆるエビデンスが確認されている手法)は整備されている。しかし,「これに取り組まないとあなたはよくならない」という圧力はクライエントはもちろん,セラピスト自身にもマイナスに作用する。そもそも,「認知行動療法でないとよくならない」困難や症状など,おそらく何ひとつ存在しない。

そのような前提で,「何をすべきか」という発想でなく,「どんなことができるだろうか」という発想で,クライエントといっしょに考えられるとよい。

「こんなこともできますよ」「こんな方法にチャレンジして改善のきっかけをつかんだ，似たようなお困りの方がいました。あなただったら，どんなことができるでしょう」と，無理にならない範囲で伝え，セッションでは常にオリジナルな行動実験のアイディアが生まれる可能性があるという前提で，慎重かつ大胆にすすめることができるとよい。

他人の提案よりも自らの提案に対して，動機づけが高まるのは当然であり，できるだけクライエントのアイディアを大切にすべきである。そのためにも，セラピスト側からの提案を控え過ぎないようにしたい。遠慮は互いに伝染する。セラピストも慎重さを維持しながらも遠慮せず言葉にし，時には，かなり大胆なことを提案してみるとよい。

クライエントが「さすがにそれはちょっと……」と口にしたら，「そうですよね，……でもどのあたりまでだとできそうでしょう」と尋ねてみることができる。発達段階，人格面の安定度，二次障害の深刻さ，生活機能の程度，経過の長さ，過去のトラウマの深刻さ，家族など重要な人間関係の支えの不足などから，クライエントの「改善に向けて前向きになりにくい心理的状況」が顕著な場合は，実験的なチャレンジへの取り組みの程度は控えめにすすめてよい。

逆に，クライエントからかなり危険な，トラブルになりかねない提案があっても，「そんなアイディアをよく思いつかれましたね」といったん賞賛し，受け入れてみて，それから，根拠を明確にして修正を入れていく。安全配慮にもセラピストは責任がある。

集団療法は，一般には，クライエントのチャレンジ精神を喚起しやすい。似たような困難や症状で悩んでいる方々との話し合いの中で，実験に取り組んでみる価値をより認識しやすくなる。グループの中でそれぞれがチャレンジする実験課題を決め，それぞれのプランからヒントを得ることもできる。背景にある認知の偏りも，似たような困難と症状を持

つ他人の発言から客観化でき，それが自身の歪みの把握の力を高める。ただし，参加者それぞれの取り組みの困難度，進めるペースについては，あくまで本人が決定することで，参加者の間で強引に誘うことは認められないと，あらかじめ伝えておく必要もある。

　記録をとりながら，課題に取り組んでいただけるとよい。特にホームワークとして取り組みやすくするためには，計画書でもあり，そのまま実行結果を記入しセッションで振り返りとなるシートは便利である。

　実行の日時，場所，確認すべき状況はできるだけ具体的に書かれてあるとよい。準備がよければ，行動は実行されやすいので，準備するものがあればそれも計画の欄に記録しておく。そして，その実験を行う上での仮説，つまり思い込み（の可能性があること），そして，実行する前のその仮説に対する確信の度合いを，0（まったくありえない）～5（どちらとも言えない，50対50）～10（間違いなくあてはまる）のうちのいくらと思えるか，などを書き込む。

　実行した結果，どのようなデータが得られたのか（ここは，事実をできるだけ正確に記録する），その結果を受けて，確信度は，上記の，0～5～10のうちのどれだけになったかを記入する。何か感想，あるいは，セラピストに質問したいことを具体的に記入する欄があってもよい。今後，さらに行うとよいと思われる行動実験のアイディアを記入してもらうのもよい。

1．公共の場所で，人目を気にするのは，誰でも多かれ少なかれ経験して
　　いることである。少し派手な服装で人ごみをあるいてみよう。とりあ
　　えず30分でよい。それによって，30分の中でどのような気持ちの変
　　化が得られるか，ふりかえってみよう。勇気がわきにくいときには，
　　複数で取り組むこともできる。

参考文献

- Beck, J. S. (2011). Cognitive Behavior Therapy: Basics and Beyond 2nd Edition
（伊藤絵美・神村栄一・藤澤大介訳『認知行動療法実践ガイド：基礎から応用まで
　第2版　―ジュディス・ベックの認知行動療法テキスト―』星和書店，2015年）
- 鈴木伸一・神村栄一『レベルアップしたい実践家のための事例で学ぶ認知行動療
法テクニックガイド』北大路書房，2013年

13 | 認知変容技法の発展（2）
―マインドフルネスとスキーマ

下山晴彦

《目標＆ポイント》　第3世代行動療法の技法として幅広く活用されているマインドフルネス，さらに認知療法の発展系であるマインドフルネス認知療法とスキーマ療法について解説する。パーソナリティ障害等のクライエントでは，スキーマレベルでの認知の歪みが固定しており，通常の認知再構成では対応が難しい。そこで，マインドフルネスとスキーマ療法を組み合わせることで，このようなクライエントへの認知行動療法の適用が可能になる。
《キーワード》　呼吸法，マインドフルネス認知療法，スキーマ療法，パーソナリティ障害

1. はじめに

　認知療法では，否定的認知や認知の偏りといった非機能的認知が問題を引き起こす主要因とみなし，その認知の内容を変化させることを試みる。しかし，認知療法の実践を積み重ねていくうちに，単純に認知の変化を促すだけでは役立たない場合があることがわかってきた。本章では，通常の認知療法が役立ちにくい2つの場合を取り上げ，そのような場合への対処法として提案された方法を紹介する。

　ひとつは，認知の変化が進まない原因として，考えの内容を変えようとしても，そもそも考えの仕方（認知の機能）に問題がある場合である。このような場合に役立つ技法として，マインドフルネス認知療法が提案された。もうひとつは，認知の内容の偏りや歪みが発達初期の養育

環境，特に親子関係の問題に由来しているため認知を変えることが難しく，再養育的関わりが必要な場合である。このような場合に役立つ技法としてスキーマ療法が提案されている。そこで，以下においてマインドフルネス認知療法とスキーマ療法を紹介するとともに，その両者を組み合わせる方法について解説する。

2. マインドフルネス

（1）マインドフルネスの定義と状態

　マインドフルネス（mindfulness）は，仏教で悟りを開くために用いられる瞑想法（サティパッターナ）の英訳である。mindという名詞に，–ful（行きわたった）と –ness（状態）という接尾語が合成してできた語で，「開放的で，とらわれのない状態」を意味している。日本語の「気をつける」や「目を届かせる」といった状態に相当する（大谷，2014）。このような歴史的経緯も踏まえて大谷（2014）は，マインドフルネスを「"今ここ"の体験に気づき（awareness），それをありのままに受け入れる態度及び方法」と定義し，注意の払い方と保ち方が主となると指摘する。

　このようなマインドフルネスをわかりやすく記述すると次のようになる。

- ◆マインドフルネスとは，「今ここ」で自分が体験していることに注意を向け，しっかり味わうこと。
- ◆「今ここ」で体験することは，自分が居る環境や，自分の反応（身体，気分，思考，行動）などについてである。
- ◆自分が体験していることをジャッジしない（例：こんなに不安になるなんてダメだなあ，などと思わない）ことが大切となる。

（2）マインドフルネスと呼吸法

　上記の定義からもわかるようにマインドフルネスは，知的に理解するものではなく，その状態を体験的に習得するものである。そのために，マインドフルネスの状態に至る技法を身につける訓練が必要となる。マインドフルネスにはさまざまな訓練方法があるが，瞑想法に由来するという点で呼吸法が重視される。

　マインドフルネスでは，今この瞬間の状況や自分自身について，価値判断せず，気づきを向けることが重要となる。まず「今ここ」に注意を向けるために，呼吸に意識を向ける瞑想の練習をする。呼吸だけに意識を向けることで，気持ちが落ち着き，緊張が和らいでくる。周囲からの刺激に気が散ってしまうことがある。あるいは，落ち込み，怒り，悲しみなど，強い感情に飲み込まれそうになることがある。そのようなときに自分の呼吸に意識を向けることで，「今ここ」に戻ってくることが可能となる。

〈呼吸法の練習におけるインストラクションの一例〉

◆座ったまま，姿勢を正して足の力は抜いてください。

◆目は閉じてください。

◆呼吸だけに意識を集中してください（呼吸の速さは気にしないで）。

◆呼吸から意識が逸れたら，そっと呼吸に意識を戻してください。

◆意識が呼吸から何回逸れても大丈夫です。その都度呼吸に戻ってください。

◆しばらく呼吸に意識を向けて，落ち着いたら，呼吸をしながら自分の心の中を少しずつのぞいてみるのも良いです。

◆「怒りがあるなあ」「悲しみがあるなあ」「これは喜びだな」「安心だな」というふうに，「良い・悪い」の価値判断せずに眺めてみま

しょう。

◆不安や怖さが強すぎて，巻き込まれてしまいそうに感じたら，また
　そっと呼吸に意識を戻しましょう。

◆どうでしたか。呼吸から意識が逸れましたか。意識はどこに逸れま
　したか。過去のことですか。それとも将来のことですか。逸れたこ
　とに気づいて，呼吸に戻れましたか。

　一人で呼吸法が上手に練習できないときは，筆者らのチームが開発し
た呼吸法練習アプリ「呼吸レッスン」を活用するとよい。
［iPhone アプリ］
　https://itunes.apple.com/jp/app/呼吸レッスン/id971237067
［アンドロイドアプリ］
　https://play.google.com/store/apps/details?id=shimoyama.haruhik
　o.breathtraining&hl=ja

（3）マインドフルネスの訓練

　呼吸は，船の「碇」のようなものである。「碇」があることで船は広
大な海の中でも安心して停泊できる。クライエント自身が「今・ここ」
という海の中に浮かぶ船だとイメージして，呼吸を手がかりに「今・こ
こ」で起こっていることを探索していく（Smalley, S.L. & Winston, D.
2010）。

〈マインドフルネスの練習におけるインストラクションの一例〉

◆椅子に楽な姿勢で座り，身体が凛とした感覚，まっすぐな感覚，覚
　醒している感覚が感じられるようにします。

◆呼吸に注意を向けながら，座っている間にあなたの身体に生じる，

あらゆる刺激と反応に気づきます。椅子やクッションと触れ合う感覚，足と床が触れ合う感覚，皮膚の表面や身体の奥深いところから生じる感覚に気づきます。

◆心がさまよったことに気づいたら，静かに注意を呼吸に戻します。「今・ここ」に注意を戻し，あなた自身を今この瞬間につなぎ止めます。

◆注意の「場」の焦点が狭くなったり広くなったりするのに気づきます。

◆心地良い反応，不快な反応，どちらでもない反応，あらゆる感覚に気づき，瞬間瞬間，身体に生じるあらゆる感覚や，感覚に対する自分の反応に優しい好奇心を向けます。

◆感じていることや気づいたことを何か別のものに変えたり，考えたりするのではなく，それを直接的に「体験」します。

◆感覚が何もない時には，無理に感覚を引き起こそうとする必要はありません。「感覚が何もない」ということをただ認めます。

◆体のどこかに，緊張のような何か強い感覚を感じたら，その場所に息を吹き込み，その感覚がどのように変化するか見てみます。

◆注意が散漫になって，考え・空想・心配・焦り・退屈・落ち着かなさ，などの感覚に注意が惹きつけられてしまった時は，注意がそれたことを認識し，呼吸と直前の体の部位に注意を戻していきます。

マインドフルネスの練習が進むと，「今・ここ」に留まっていられる時間が長くなってくる。その結果，自分の感情に振り回されることが少なくなったり，疲れに早く気づけたりするようになる。また，自分が「何に対して（刺激）」「どう対応しているのか（反応）」に気づきやすくなる。このようなことができるようになったら，普段の生活で，「今こ

こ」に集中できないのは，どんなときなのか，どんなことが気になっているのかを見直すのもよい。

3. マインドフルネス認知療法

（1）うつ病再発防止とマインドフルネス認知療法の開発

　ジョン・カバットジンは，仏教のマインドフルネス瞑想を基礎として，慢性の痛みからの回復のための心理教育プログラムとしてマインドフルネス低減法を開発した（Kabat-Zinn, 1990）。Segalら（2002）は，マインドフルネス低減法に認知行動療法の要素を組み入れ，うつ病の再発予防のためのアプローチとしてマインドフルネス認知療法（Mindfulness-Based Cognitive Therapy）を開発した。

　再発を繰り返すうつ病では，認知の内容を変えようとすることで，逆に自己注目が生じ，自己の欠点などの否定的内容を反芻し，考え込み，直接体験を回避する現象が生じやすくなることがわかってきた。そこで，うつ病再発の脆弱性として「考え込み」（rumination）と「体験回避」（experiential avoidance）に注目し，それに対処するものとしてマインドフルネス認知療法が開発された。

　考え込みは，自己批判的，自己注目的，反復的，否定的な思考スタイルで，落ち込みなどの苦悩を解決しようと急き立てるように考え続ける事態である。体験回避は，困難な思考・感情・身体感覚を直接体験することを避け続ける事態である。うつ病患者は，うつ病を治したいという願望に反して，考え込みと体験回避によって変化に向けての行動を起こさずに否定的な内容を繰り返し考え，抑うつを深めていく悪循環のパターンに入り込む。そこで，うつ病の再発や慢性化を防ぐためには，否定的考えや感情にとらわれる考え込みに陥らず，今ここでの直接体験ができるようになり，変化に向けての行動を活性化していくことが必要と

なる。

　そこで，マインドフルネス認知療法では，マインドフルネスを活用
し，困難な思考や感情は，心の中で過ぎ去っていく出来事であり，必ず
しも現実を反映しておらず，自己の中心的な部分ではないことに患者が
気づくことの支援が目標となる。つまり，マインドフルネスの「今，こ
こでの体験に注目し，ありのままを受け入れる態度」によって，クライ
エントが「脱中心化」した関係がとれるように促すのである。

（2）脱中心化に向けての認知の機能に修正

　このように認知療法の有効性は，否定的認知の内容を変化させること
よりも，むしろ自らの考え方から距離をとり，脱中心化することにある
との見解が示された（Teasdale et al., 1995）。そこでは，不適切な思考
の変化を強調せず，非判断的で，受容的な注意の配り方を習得できるよ
うに援助するものとなっている。そして，クライエントが自らの考え
方，感情，身体の経験に対する自由なメタ認知を獲得し，それらを新た
な仕方で関連づけるように支援することで，習慣的となって凝り固まっ
ていた不適切な認知から，クライエントが自由になることが目指さ
れる。

　このような認知の機能への注目は，第3世代の行動療法と呼ばれる，
新世代の認知行動療法が発展につながった。アクセプタンス＆コミット
メント・セラピー（ACT：Acceptance & Commitment Therapy）は，
問題は行動の柔軟性と効率性の欠如によるものとみなし，クライエント
が，固定した認知や感情に邪魔されたとしても，有用な行動を選択でき
るように支援することを目標とする。問題を心理的な柔軟性欠如と経験
回避の反映とみなす「関係フレーム理論」に基づき，アクセプタンスと
マインドフルネスの過程およびコミットメントと行動変化の過程の，2

つの過程のバランスをとることを通して，豊かな経験をもたらす心理的柔軟性と，状況に応じて選択した価値に従った行動をとることが目指される。

このようなマインドフルネスやACTといった新しい方法は，機能や文脈という特性の重要性が主張されるようになっており，東洋的な瞑想法，さらには禅の思想や森田療法など日本の文化や思想とも通じるものとなっている。なお，ACTについては，第8章で解説されている。

4．スキーマ

（1）認知療法におけるスキーマ

スキーマ（schema）とは，心的活動を行う際の抽象的な見取り図のようなものである。それは，情報を想起したり解釈したりするための構造として，また問題解決のために構築された枠組みとして機能している。そして，その人の行為を導く役割を果たす。私たちは誰もが，多様なスキーマをもっている。そのようなスキーマがあるからこそ，私たちは，世界を認識し，新しい情報や経験を文脈に位置づけて理解できる。人は誰も，世界を秩序づけて理解するために，いわば厖大なファイリング・システムを活用し，さまざまな情報を取捨選択し，分類整理して生きているといえる。スキーマとは，まさに世界を整理して理解するためのファイリング・システムに相当する。

私たちは，ものごとを学習し理解する膨大な潜在能力をもっている。しかし，私たちが実際に用いるスキーマは，不完全で限界があり，偏ったものである。スキーマは，その人が習得してきた短絡的な方法，自分勝手な推論，社会的な偏見，文化的特徴といったものから構成されているからである。そのため私たちはものごとを偏った仕方で主観的に解釈している。

　このように偏った解釈をしてしまうのは，ファイリング・システムにたとえられるスキーマが人それぞれで異なっているからである。その人の人生経験，その人独自の生活史，社会的文脈，生態的な特徴，個人の気質といった事柄の影響を受けて一人ひとりのスキーマは異なっている。スキーマは，乳幼児期から形成され始める。そして，一度，形成されたならば，その人の情報処理や行動を導く役割を果たすようになる。具体的には，その人が自己・他者・世界についてどのように考え，感じ，振る舞うかを決定することになる。

　そのため，何らかの問題に直面したとして，人は自らのスキーマを状況に合わせて柔軟に変更して対処することが難しく，問題解決の機能を果たせなくなる場合が生じる。認知療法は，このようなスキーマを問題解決に役立つように，つまり機能的にするように支援することを目的とする。

（2）スキーマの階層構造

　スキーマは，階層構造を成している。階層構造の表層にあるのが，自動思考である。自動思考は，私達の頭の中に自動的に浮かんでは消え，浮かんでは消えていく"自動的"な思考やイメージである。それに対してスキーマは，自動思考の根底にある，その人なりの認知構造を意味する。つまり，その人なりの「物の見方」「価値観」「信念」「思い込み」に相当する。スキーマは自動思考として頭をよぎることはないが，その人のスキーマがその状況に対する自動思考を生み出している。人は，それぞれのスキーマを持ち合わせており，そのスキーマが自動思考を生み出し，さらに他の反応（気分，感情，身体反応，行動）を生み出す。

　スキーマの体系の根底に不安を喚起するような信念（思い込み）をもつ人は，さまざまな状況において不安が喚起されやすいことになる。認

知療法では，そのようなスキーマ体系の根底にある信念を認知モデルの中核に据え，それを中核的信念と呼ぶ。中核的信念は，階層構造の根本にあるがゆえに，その人の人生の大部分に影響を与えることになる。中核的信念は，融通性がなく，その内容を頑固に変えないまま幅広く，しかも過剰に一般化されやすい。したがって，認知行動療法では，中核的信念を含むスキーマの変更を介入の根本原理とする。

5. スキーマ療法

（1）スキーマ療法とは

　特にパーソナリティ障害を持つ人は，自動思考レベルだけでなく，中核的信念レベルのスキーマにおける認知が非機能的なまま固定してしまっている。したがって，そのスキーマの成り立ちと非機能性を理解し，新たな機能的なスキーマを形成する必要がある。また，そのような非機能的スキーマをもつクライエントと治療関係を形成するにあたっては，特別な配慮が必要となる。その際，セラピスト自身のスキーマもしっかりと自覚しモニターすることも重要となる。

　スキーマ療法は，米国の心理学者ジェフリー・ヤングが境界性パーソナリティ障害等のパーソナリティ障害を抱えるクライエントに役立つ方法として，スキーマに焦点を当てたアプローチとして編み出した統合的心理療法である（伊藤，2013）。認知行動療法を中心に精神分析（特に対象関係論），アタッチメント理論，ゲシュタルト療法，構成主義などのアプローチを組み込んだ，認知行動療法の発展型の統合的心理療法となっている。

　スキーマ療法では，幼少期に形成されたネガティブなスキーマに焦点を当て，その成長が健康的ではなかった境界性パーソナリティ障害をはじめとするパーソナリティの問題をケアしていくことが目指される。し

たがって，スキーマ療法は，症状に関わるスキーマだけでなく，その人の生きづらさに関わるような，より全般的なスキーマに注目し，そのようなスキーマに直接焦点を当てるためのアプローチとなっている。なお，本章におけるスキーマ療法の解説は，伊藤（2013）を参照してまとめたものである。

（2）スキーマ療法の支援目標

　人間のパーソナリティは遺伝と環境の相互作用によるものであり，生得的気質と幼少期の苦痛な経験が相互作用することによって，「早期不適応的スキーマ」が形成されると考える。幼少期の苦痛な経験とは，幼少期の子どもが求める「中核的感情欲求」が満たされなかったことによって生じるものである。生まれもった気質と，両親をはじめとする養育者との関わりが相互に影響し合うことで，中核的感情欲求が満たされれば，早期不適応的スキーマが形成されることなく，その人は精神的健康を有する大人になる。しかし，満たされなければ，種々の早期不適応的スキーマが形成され，それがその人の精神的健康や対人関係や社会適応を阻害する。

　したがって，スキーマ療法の対象は，自身の生得的な気質と人生早期における環境との相互作用を通じて，これらの欲求が満たされることのなかった人たちとなる。また，スキーマ療法の目的は，満たされなかった中核的感情欲求をクライエント自身が自ら満たすための適応的なやり方を，クライエントが習得することの支援となる。そのため，クライエントが自らの早期不適応的スキーマを理解し，満たされなかった中核的感情欲求が治療を通じてある程度満たされ，早期不適応的スキーマが緩和され，新たな適応的スキーマを手に入れるというスキーマの修復（schema healing）を行うこととなる。

　スキーマが修復されればされるほど，スキーマは活性化されにくくなり，活性化されてもダメージを受けにくくなっていく。ただし，早期不適応的スキーマは，相当に強固で，感情や身体反応を巻き込むものとなっており，完全修復はないといえる。そのため，自分を生きづらくさせる早期不適応的スキーマを理解したうえで，できる範囲でそれらのスキーマを緩和すると同時に，それらのスキーマと上手につき合っていく方法をクライエントが習得することが支援の現実的な目標となる。

（3）スキーマ療法の方法：オリジナルモデルとモードモデル

　スキーマ療法の基本原則は，まずは標準的な認知行動療法で現実的な問題をある程度解消できたら，必要に応じてスキーマ療法を導入するという手続きとなる。スキーマ療法を導入する場合は，まずはケースフォーミュレーションを形成する。その際に，早期不適応的スキーマの成り立ちを明らかにすることが重要となる。早期不適応的スキーマは，下記の5つの中核的感情欲求が満たされないことによって，その人の心や生き方のどの部分に損傷を受けるのかによって決まってくる。

　以下において，各中核的感情欲求が満たされないときに生じる早期不適応的スキーマの領域を，⇒で示す。

中核的感情欲求と早期不適応的スキーマの5領域（伊藤，2016より）
（1）　愛してもらいたい。守ってもらいたい。理解してもらいたい。
　　　⇒第1領域：人との関わりが拒絶される［断絶と拒絶］
（2）　有能な人間になりたい。いろんなことがうまくできるようになりたい。
　　　⇒第2領域：「できない自分」にしかならない［自律性と行動の損傷］

（3）　自分の感情や思いを自由に表現したい。自分の意思を大切にしたい。

　　　⇒第3領域：他者を優先し，自分を抑える［他者への追従］

（4）　自由にのびのびと動きたい。楽しく遊びたい。生き生きと楽しみたい。

　　　⇒第4領域：物事を悲観し，自分や他人を追い詰める［過剰警戒と抑制］

（5）　自律性のある人間になりたい。ある程度自分をコントロールできるしっかりとした人間になりたい。

　　　⇒第5領域：自分勝手になりすぎる［制約の欠如］

　スキーマ療法では，早期不適応的スキーマを乗り越える「オリジナルモデル」と，現在活性化されているスキーマとそれに対するコーピングによって当事者が「今・ここ」での状態を理解する「モードモデル」の2つのモデルがある。早期不適応的スキーマの数が多く，対応が難しいという点もあり，モードモデルが提案された（伊藤，2016）。

　スキーマモードとは，今現在，その人において活性化されているスキーマおよびスキーマの作用のことある。それは，適応的な場合もあれば不適応的な場合もあり，下記の4モードがある。スキーマ療法では，クライエントの中にヘルシーアダルトモードを形成し，それを増強する。

■チャイルドモード：「内なる子ども」

■非機能的コーピングモード

■非機能的ペアレントモード：「内在化された養育者（多くは親）の状態」

■ヘルシーアダルトモード：「健康な大人の状態」

（4）スキーマ療法の治療方略

スキーマ療法では，オリジナルモデルとモードモデルのいずれを適用する場合においても，介入に際しては下記の4つの治療方略を用いる。

■認知的技法：認知行動療法と同じ技法

■体験的（感情的）技法

■行動的技法：認知行動療法と同じ技法

■治療関係の活用（下記の治療的再養育法の治療関係を形成）

さらに，スキーマ療法を効果的に展開するための治療関係に関する2つの方略がある。この方略は，定型の認知行動療法とは異なるスキーマ療法特有の方法である。

■共感的直面化

「共感」「直面化」の対象が，自動思考レベルではなくより深いスキーマレベルとなる。

■治療的再養育法

・治療的制約の中で，セラピストが養育的な立場からクライエントに接し，クライエントの中核的感情欲求を満たすよう働きかける。

・モードアプローチで治療的再養育法を用いる場合にはセラピストがヘルシーアダルトモードの役割を担い，クライエントのチャイルドモードに対し養育的に接したり，非機能的コーピングモードや非機能的ペアレントモードと闘ったりする。

6. おわりに

本章では，認知療法の発展系として，マインドフルネス認知療法とスキーマ療法をみてきた。これらは，定型の認知療法では対処できなかった再発を繰り返す慢性うつ病や，認知の修正が難しかったパーソナリティ障害に対して有効な統合的心理療法として発展したものである。そ

こで，最後に両者の関係についてみていくことにする。

　両者は，いずれも認知療法を基礎としている点で自己の認知のあり方，つまりスキーマを内省し，モニタリングができることが前提となる。認知行動療法の適用が難しいのは，感情的混乱や行動化によって，この自分自身のモニタリングができない状態が続く場合である。そのような場合に対処するために活用できるのがマインドフルネスである。マインドフルネスとは，「今ここ」で自分が体験していることに注意を向け，しっかり味わうことであるので，セルフモニタリングの延長線上にある。価値判断せず，「今ここ」に注意を向けることを可能にするマインドフルネスは，否定的感情に巻き込まれずに，自己のスキーマのモニタリングを可能にする（伊藤，2016）。

　スキーマ療法では，人生の早期に形成され，その後の人生において不適応的な反応を引き起こすスキーマを扱う。クライエントは，自身の不適応に関連するスキーマに直面したり，スキーマが活性化されたりしないよう，常に用心している。スキーマが活性化することも，スキーマに関わる思考や感情などを体験することも避け続け，そのスキーマが存在しないかのように振る舞い，万が一活性化されそうになったら，すばやくその状況や自らの反応を抑えこもうとする。したがって，スキーマのモニタリングを回避する傾向が強い。また，そもそも幼少期の体験を思い出すこと自体が難しいということもある。そこで，安全なテーマから少しずつマインドフルネスを練習し，モニタリングの方法を習得することで，スキーマ療法をスムーズに進めることが可能となる。

1. 本章で示した呼吸法の手続きにしたがって呼吸を整える練習をしてみ
　　よう。それができるようになったら，本章のマインドフルネスの手続
　　きにしたがって，マインドフルネスを練習してみよう。
2. スキーマ療法の考え方を参考にして自分の自動思考，先入観，思い込
　　みといった認知（考え方）の特徴を探ってみよう。

引用文献

- 伊藤絵美『ケアする人も楽になる　マインドフルネス＆スキーマ療法　BOOK1』
医学書院，2016 年
- 伊藤絵美編著『スキーマ療法入門　理論と事例で学ぶスキーマ療法の基礎と応用』
星和書店，2013 年
- Kabat-Zinn, J. (1990). Full Catastrophe Living: Using the Wisdom of your Body
and Mind to Face Stress, Pain, and Illness. Delacorte Press.（春木　豊訳『マイ
ンドフルネスストレス低減法』北大路書房，2007 年）
- 大谷　彰『マインドフルネス入門講義』金剛出版，2014 年
- Segal, Z.V., Williams, J.M.G., and Teasdale, J.D. (2007). Mindfulness-Based
Cognitive Therapy for Depression 2 nd ED: A New Approach to Preventing
Relapse. Guilford Press.（越川房子監訳『マインドフルネス認知療法—うつを予防
する新しいアプローチ』北大路書房，2012 年）
- Susan L. Smalley & Diana Winston (2010). Fully Present: The Science, Art, and
Practice of Mindfulness. Da Capo Press.（本間生夫・下山晴彦監訳『マインドフ
ルネスのすべて—「今この瞬間」への気づき—』丸善出版，2016 年）
- Teasdale, J.D., Segal, Z.V., and Williams, J.M.G. (1995). "How does cognitive therapy
prevent depressive relapse and why should attentional control (mindfulness)
training help?" Behavioral Research and Therapy, 33: 25-39

14 | 認知行動療法のプロセス
―介入における構造化

林潤一郎

《目標＆ポイント》　本章では，認知行動療法実施に用いる構造化について面接プロセスに沿って解説する。エビデンスに支持された介入プロトコルとともに，クライエントの個別性に沿ったフォーミュレーションとそれに基づく介入の工夫や活かしどころを学ぶ。また，これまで学んだ様々な技法の面接プロセスにおける使いどころを整理する。
《キーワード》　構造化，アセスメント，フォーミュレーション，目標設定，介入，プロトコル，エビデンスに基づく心理学的実践

1. はじめに：認知行動療法の実践をはじめるにあたって

　ここまでの各章を経て，皆さんは認知行動療法に関する基礎的な知識や技術を学び，その利用法や有用性について理解を深めてきた。しかしながら，こうした知識や技術を個々に学んだ状態であるため，いざ目の前のクライエントに対して認知行動療法を用いた支援を試みようとしても，これらの知識や技術をどのように活かして，どのようなプロセスで何に気を付けながら面接をすすめていくとよいのかについてのイメージがわかない方も少なくないのではないかと思われる。そこで本章では，一般的な相談場面を題材として，認知行動療法の面接プロセスとその際に役立つ構造化を学びながら，目の前のクライエントに対する認知行動療法の具体的な進め方についての見通しを持ってもらうことを目的とする。前半では「認知行動療法の全体構造」として面接開始から終結まで

の面接プロセスについて学び，後半では「認知行動療法面接の各セッションの一般的構造」として，各セッションに含まれる代表的な内容を学ぶ。

2. 認知行動療法面接の全体構造（面接経過）

まず，認知行動療法の面接開始から終結に至るまでの大まかな流れを以下の4つに沿って示す。実際の面接では各段階の内容が前後したり，行きつ戻りつすることも少なくないが，一般的なプロセスとしてそれぞれの段階で提供されることの多いオーソドックスな内容を記した。

（1）導入の段階：関係性の構築と動機づけを高め，認知行動療法へ導入する

認知行動療法を希望して来談したクライエントと面接を始める場合，①自己紹介から始まり，②守秘義務やアセスメントを開始することについての同意を得て，③認知行動療法の進め方について説明し合意を得る。さらに，④協同実証主義や動機づけの観点から関係性を育み，認知行動療法実施のための準備を整えていく。

①　自己紹介：初対面で緊張と不安を抱えているクライエントを安心させることのできる大切な情報となる。当然のことながら，クライエントに対して敬意をもち，丁寧に接することも大原則である。また，クライエントをどのように呼ぶとよいのかについても確認することも相手への配慮が伝わる態度の一つになる。

②　アセスメントを開始することおよび守秘義務について説明し，同意を得る：次に行われるのは，アセスメント開始と守秘義務について説明し，同意を得ることである。こうした点についても丁寧に話し合いが行われることにより，クライエントは安心して認知行動療法を受けること

ができるようになり，セラピストへの信頼も持ちやすくなる。

③　認知行動療法の進め方について説明し，合意を得る：続いて，認知行動療法の発想や進め方についての心理教育が提供されることが多い（心理教育の詳細は第5章参照）。面接が進むにつれ，クライエントは自分のセラピーに対して徐々に積極的な役割を担うようになることが期待される。しかしながら導入期のクライエントは自分がセラピーにおいてどのような役割を果たせばいいのかについての理解が不十分であることも多い。そのため，必要に応じてセラピーの進め方だけでなく，その中での期待されるクライエントの役割についても説明しながら，クライエントの自立性を強化していく。

④　関係性の構築と動機づけの促進：第3章で紹介したように，セラピストとの間に温かさ，肯定的配慮，的確な共感に基づく関係性を経験し，それを土台にすることによって，クライエントは認知行動療法を効果的にすすめていくことが可能となる。また，こうした関係性が育まれることで，クライエントの動機づけが高められ，協同実証主義に基づくセラピーへの積極的な参加が促される。なお，動機づけが不十分なクライエントや変化に対する葛藤を抱えているクライエントに対する対応については，動機づけ面接（第3章）を参照されたい。

（2）見立ての段階：アセスメントとケースフォーミュレーション

　次に行うことは，クライエントの抱える問題について詳細に理解することである。このときクライエントのニーズと問題状況にまつわるクライエント内外の要因について情報収集する作業をアセスメント（①）とよぶ。また，そのアセスメント情報に基づき，クライエントの問題がどのように維持されているのかについての仮説を構築し（時に介入し）ていく作業をケースフォーミュレーション（②）とよぶ。この2つのプロ

セスも互いに行きつ戻りつ進むものであるが，以下では分けて解説する。

① アセスメント：アセスメントでは次の2つの目的が達成されることが期待される。第一に，クライエントの症状や問題状況を充分に描写することである。第二に，介入計画の土台となるケースフォーミュレーション（第4章参照）に必要な情報を収集することである。

　クライエントは自らの状況や問題をいつもすぐに詳細に言語化できるわけではない。たとえば「落ち込む」と表現された場合であっても，どのような状況下でどのようなことを考え，感じ，結果としてどの程度の強さで気分が落ちているのか，そして，そうした一連の反応が本人の置かれている環境と相互作用（悪循環）することでどのような影響をクライエント自身に及ぼしているのかは十人十色である。また，その問題が，どのような経過によって発展してきたのか，現時点でどのように問題が維持されているのかも，個人によって異なる。そのため，本人が抱える問題を具体的に定義し，現在どのようにして維持されているのか，また，どのように発展してきたのかを説明できる仮説を構築するために必要な情報を得ていくことがセラピストの役目となる。

　なお，アセスメント時に有益な情報の代表的リストの1つを示す（**表14-1**）。この表はレドリーら（Ledley et al., 2005）にまとめられたものである。実際には，最初の段階でこのリストの項目をどこまで網羅すべきかはセラピストの判断によって異なるものの，セラピストが自ら見落としがちな要因について振り返る際にも有益なものである。

　アセスメントの手順としては，人口統計学的な基礎情報を確認後（この情報は面談前に問診票や申込み用紙で収集されることも多い），まずは，クライエント自身が現在困っている（と自覚をしている）主な問題について尋ねるのが一般的である。「今日は，どんなことで，いらっ

表14-1 アセスメントで収集することが期待される情報リスト

人口統計学的情報

- 氏名，生年月日／年齢
- 民族／宗教的背景
- 現在の職業・職位／学業上の身分
- 現在の交際関係／家族構成
- 現在の住状況

主訴

- 問題の描写
- 問題の始まりと経過，症状／エピソードの頻度
- 問題の先行状況（例：状況的な引き金，人生での出来事など）
- 問題と関連した思考（例：自動思考，信念）
- 引き金／人生での出来事への反応（例：感情的・生理的・行動的反応）
- 問題の強度と持続期間
- 同問題でのこれまでの治療
- 付加的な問題

家族背景

- 親，きょうだいの年齢
- 育ち方と家族の関係
- 親の婚姻歴
- 親の職業，社会経済的地位
- 家族の医学的，精神医学的病歴

個人歴

- 発育上の大きな出来事
- 初期の医療歴
- 学校への適応と学業成績
- 問題行動の存在
- 友人関係
- 趣味／関心
- 交際（恋愛）歴

出典：Ledley 他，2005 より作成

しゃいましたか」や「あなたが経験してきた問題について，話していただけますか」などの質問が用いられる。主な問題を把握したあとは，現時点でどのようにその問題が維持されているのかについて知ることのできる情報を収集する。この際には，第4，6章などで学んできた行動分析，機能分析，ケースフォーミュレーション等の発想を前提とした情報を得ることが有益である。たとえば，クライエントの問題が，どのような場面で生じて，どのような場面では生じないのかを聞くことは，問題の先行刺激を把握することにつながる。また，そういった具体的な場面で，どのように感じたり，どのように考えたり，どのように行動したりしているのかを確認し，それによって生じる結果がクライエントにとってどのような影響を持っているのかを質問していくことで，クライエントの問題を維持させているパターンや問題行動の機能を把握することができるようになる。続いて，クライエントの抱える問題がどのように発展してきたのかについても理解する。そのためには，問題がいつ始まり，どのような経過をたどってきたのか，という問題発展の経歴について質問する。この際には，家族背景や（主訴にまつわる）個人歴の情報も，問題の発展経過の理解に役立つことの多い情報源となる。また，治療歴や相談歴において，過去にクライエントが受けた治療法や介入法の有無を確認し，何がどのように効果があったのか，また，なかったのかについて聞くことも，アセスメントにおける有益な情報源となる。

　アセスメントの実施法としては，構造化面接と非構造化面接（もしくは半構造化面接）の双方が用いられる。診断を重視し，診断に基づく介入計画を提供することに重きが置かれる場面では，構造化面接がしばしば用いられる。代表的な構造化面接は，「精神障害（疾患）の診断と統計マニュアル（Diagnostic and Statistical Manual of Mental Disorders：DSM）」に基づく「精神科診断面接マニュアル（Structured Clinical

Interview for DSM Disorders：SCID）」などがある。こうした構造化
面接の主な目的は，一定の基準に従って，操作的に定義された診断区分
に達することである。診断自体は医師のみが行うことができるものであ
るが，こうした構造化面接は診断に必要な情報を的確に集めることがで
きる信頼性の高い方法である。一方，どの診断基準を満たしているかよ
りも，クライエントの個々の体験世界を文脈とともに，より個別的に理
解していくことを重視する場合もある。こうした場合には非構造化面接
もしくは半構造化面接が用いられる。いずれの場合も主訴を主な題材と
して中心に置きながら，クライエントが生活場面（例：家庭生活，職業
生活など）でどのように機能しているか（機能できなくなっているの
か）ということと，クライエントが困難にどのように対処しており，そ
れがどのような影響を持っているかについての情報を集めていく。そし
て，そのなかでクライエントの思考・感情・生理・行動などにおいてみ
られるその人らしい反応様式や特徴がどのように問題維持に寄与してい
るのかを個別的に確認していく。

　また，アセスメントでは，面接で語られる内容だけでなく，様々な側
面から情報を得ることが推奨されている。たとえば，特定の症状評価に
用いる自記式質問紙，セッション中のクライエントの行動や態度（やり
とりや表情）などである。こうした多面的な情報から，クライエントの
抱える問題について把握するよう努める。

②　ケースフォーミュレーション：ケースフォーミュレーションについ
ては，これまでの章（第4，6章）でくわしく解説されているので，そ
ちらを参照いただきたい。ここでは，臨床的にケースフォーミュレー
ションを用いる際の留意点をいくつか示す。まず，ケースフォーミュ
レーションでは，仮説として作られた問題維持パターンや問題解決のた
めの方針と具体的課題についてクライエントにわかりやすく共有するこ

とが大切である。この際，言葉だけで伝えるよりも，図解しながら心理教育を行うことが推奨されている。図解によって，クライエントは自らの問題を外在化しやすくなり，解決のための工夫がしやすくなることが多いためである。また，複雑すぎるフォーミュレーションはクライエントの自己理解を妨げたり，問題に圧倒されることで逆効果となる場合があるため，できるだけ問題に則した要点を押さえたシンプルなものであることが望ましい。また，初期の段階で，望ましくないと考えられる（初期に共有することで協同関係を崩す可能性のある）フォーミュレーション（の一部）は，クライエントの目に触れないようにするという配慮も必要な場合がある。さらに，本人の弱みだけでなく強みや資質も踏まえたものとなっていると，なお援助的なものになりやすい。

（3）介入の段階：認知行動療法の介入計画を立て，介入を開始する

　アセスメントとフォーミュレーションが終わり，クライエントが動機づけられていれば，認知行動療法における介入を始めることができる。介入技法を選択する際に参考となるのが，精神疾患の診断情報と個別のフォーミュレーションの双方の情報である。この二つの情報に基づくことで，効果的である可能性の高い介入技法が選びやすくなる。前者の情報に基づく介入計画では，エビデンスに基づく介入プロトコル（たとえば，2015 年に更新された「実証的に支持された心理療法（empirically supported treatments）」リストなど）の情報が参考になる。どのような障害や疾患に対してどのような介入が有益なのかを先行研究から知り，クライエントの抱える特定の問題に対してエビデンスで支持された介入を用いていく「エビデンスに基づく心理学的実践（evidence-based practice in psychology：EBPP）」の発想といえる。一方，後者の個別のフォーミュレーションに基づく介入計画では，本人の問題維持に関す

る機能分析に基づき，問題行動を変容させるために有益だと考えられる技法が理論的に選択される（もしくは「Flexibility in fidelity」を重視する立場では，実証的に支持された枠組みの中で個別的な臨床的工夫を発揮していこうとする（Lilienfeld et al., 2013））。いずれの発想に基づく介入であっても，具体的には，①作業仮説と目標設定を行い，②効果がみられると思われる技法についての情報提供を行い，クライエントと話し合いを経て選択された（合意が得られた）介入法を実際に試していく。そして，③介入効果を評価，検討して，問題維持に関する仮説の見直しや介入技法の見直しを行う，という手順が一般的である。以下に各プロセスを補足する。

① 当面の作業仮説と目標設定：アセスメントとフォーミュレーションによって問題維持についての仮説を共有し，その仮説に基づく介入方針についての心理教育を提供したあとは，そこに存在する問題リストを作成し，それらについてどのようにできる（なる）とよいかについて話し

表14-2　認知行動療法における目標設定のコツ

- 目標設定の技法についての教育をクライエントに行う。
- 定義づけや達成が難しそうな，大まかでおおざっぱな目標をさけるようにする。このような目標を立てると，達成できないとクライエントが感じ，少なくとも一時的にクライエントの気分や意欲が低下してしまうことがある。
- 目標は具体的に設定する。
- クライエントにとって最も重大な心配事や問題に対処できるような目標を選ぶように導く。
- 近い将来に達成できそうだと考えられる短期目標をいくつか選ぶ。
- 認知行動療法を実施していくなかで幅広い作業が必要になりそうな長期目標をいくつか考え出す。
- 目標を測定することができ，進捗状況を把握するのに役立つような期限を設ける。

出典：Jesse他，2005より作成

合いがなされる。目標設定では，本人の苦痛がどのように変われば少しでも楽になるのかという発想で考えてみることが大切である。なお，目標設定時のコツを表14-2に示す。

②　効果がみられると思われる技法について情報提供を行い，選択され，合意が得られたものを試す：この段階では，これまで学んだ様々な認知変容技法，行動変容技法を用いる。技法選択では，診断ごとに検証された介入プロトコルのエビデンスが重要な情報となる。また，診断区分には明確に当てはまらない場合や，複数の診断が合併しているような場合など，またエビデンスが十分に揃っていない個別性が高い問題などについては，クライエント個々のフォーミュレーションを土台とした仮説を共有し，その上で，理論的に適切だと思われる介入技法についてクライエントと話し合い，合意を得たものを実際に試してもらう。なお，介入技法はその狙いや期待される結果について共通認識を得た上で実施されることが望ましい。

③　介入効果を評価，検討して，仮説の見直しや介入技法の見直しを行う：試した技法の効果を検討する。もし効果が不十分である場合には，どのように効果が得られないのかについてのアセスメントを行うとよい。その情報を元に，共有しているフォーミュレーションの修正や介入技法の再選択が用いられる。

（4）再発予防・終結の段階

　介入によって症状や問題が改善したり，本人が希望していた目標が達成されてきたら，終結の前に再発予防の計画を立てる。だんだんと期間をあけながら，フォローアップを行い，クライエントが自身の認知行動療法セラピストになっていけるよう支えていく。また，これまでのフォーミュレーションに基づき，どのような出来事があった時に再発し

やすいのか，またそのような時にはどのように対処することができるか
など，具体的に話し合っておくことが有益である。

3. 認知行動療法面接の各セッションの一般的構造

　認知行動療法の面接では，各セッションに共通する内容として，前回
のセッションからの大まかな様子の確認，症状や問題のチェック，本日
のアジェンダの設定・確認，ホームワークの見直し，介入計画に基づい
たセッション主要部の実行，新しいホームワークの設定，クライエント
による振り返りもしくは確認，が含まれることが多い。実際の臨床場面
では，実施機関の方針や各セラピストの判断により含まれる内容の順番
や時間配分が異なったり，内容の取捨選択が行われることがあるもの
の，それぞれの一般的な内容について概説する。

（1）前回のセッションからの大まかな様子を確認する

　まずは，前回から今日までの大まかな様子をクライエントに確認する
ことから始めることが多い。前回から今回に至るまでのだいたいの生活
について簡単に聞くことが行われる。しかしながら，話が脱線しがちな
人は，この話題ばかりを話そうとすることもある。それによって本題に
入れないことがクライエントにとって適切でないと考えられる場合に
は，クライエントの話をまとめ，もしくは，あとで取り上げる話題の一
つとしてアジェンダに含めることを提案するなどして，構造化に工夫す
るとよい。

（2）症状のチェック

　多くの認知行動療法セラピストが各セッションの最初（もしくは開始
待ち時間）に短時間の症状チェックや症状評価を取り入れている。具体

的な方法としては，問題に適した標準化された測定尺度を用いる方法がある。たとえば，うつ病の症状評価で用いられる代表的な測定尺度にベック（Beck, A.T.）のうつ病評価尺度（Beck Depression Inventory）などがある。標準化された測定尺度を用いる利点は，ある程度，症状を網羅的に測定するように工夫されているものが多く，カットオフポイントなども設定されているため，目標が立てやすい。その他の選択肢としては，抑うつや不安などについての主観的な評価を10点満点で測定するという比較的クライエントの負担の少ない簡便な方法や，現在の症状と前回のセッション以降にみられた変化に焦点化して確認する方法も用いられる場合もある。

（3）アジェンダの設定

　アジェンダとは，その日のセッションで取り上げたい話題のことである。クライエントの希望を聞くとともに，セラピストからも提案をする。アジェンダ設定の目的は，できるだけその日のセッションがクライエントにとって有益な時間になるよう構造化することである。一般的にアジェンダには，前回以降の大まかな様子や症状の確認，前回のセッションで設定したホームワークの結果確認，その日に話し合いたい問題や取り組みたい技法などが含まれる。

（4）ホームワーク

　認知行動療法では，ホームワークを重視する。ホームワークの設定には利点が多く，たとえば以下のような効用が期待できる。①毎日の生活のなかで新しい適応的考え方や行動を実行することができる。②クライエントの状況の改善がセラピストによるものではなく，クライエント自身の努力の結果であることをクライエントが納得しやすくなる。③クラ

イエントが必要以上にセラピストに依存することを避けることができる。④ホームワークの実行によりクライエントが自分で状況の改善に努力するようになり、介入期間を短縮することができる。⑤セッションで学んだことを、実生活で練習する機会をクライエントがもつことができる。⑥学んだ技法がクライエント自身のものとなりやすくなるため、低い再発率となる。さらに、クライエントがホームワークをできなかった場合であっても、ホームワークをするのにどのように苦労しているのかについてアセスメントをしていくことで、クライエントのフォーミュレーションに有効な情報が得られることも少なくない。なお、ホームワーク設定時にはできるだけセッション内で一度試すことで、具体的なやり方を理解するとともに、できるという自信を高めておくことが推奨されている。

（5）介入計画に基づいて、セッションの主要部を実行する

　介入計画に基づき、本人の問題を維持している要因に対して効果があると思われる内容について話をしていく。前回のセッションで設定したホームワークについての話し合いの結果と連動する場合もあれば、アジェンダでクライエントが話し合いたいと希望を出した「その週にあった問題」から話し合う場合もある。いずれにせよクライエントの主訴の解決や低減に役立つと思われる対処法や考え方を題材として話し合い、実際に思考や行動のレパートリーを増やし、問題に対してより適切に対応できるように練習していく。

（6）新しいホームワークを課す

　そのセッションの話題に基づき、次回までのホームワークを設定する。その際もできるだけ具体的で、クライエントが達成できるものがよ

い。またクライエント自身が取り組みたいと自分自身で表明したものが
望ましい。

(7) クライエントに振り返りしてもらう，もしくは確認をする

　そのセッションの内容を振り返り，そこでクライエントが学んだもの
をクライエント自身に要約してもらうよう勧めることは有益である。さ
らにホームワークの内容についても改めて理解を確認することは，ホー
ムワークの成功率を高め，介入効果を高める適切なかかわりとされて
いる。

4. まとめ

　以上が認知行動療法面接の全体構造と，各セッションの一般的構造で
ある。認知行動療法は，技術の体系であり，各技術は臨床の目的に応じ
て適切に用いられることが重要である。そのためには，エビデンスを有
効活用するとともに，個々のクライエントの問題に適した技術を選択
し，クライエントとともに試行錯誤しながら解決を共にめざしていける
ところに醍醐味がある。本章で認知行動療法の面接構造を知ることによ
り，面接実施時におけるこれまで学んだ技法の使いどころのイメージが
促されていれば幸いである。

1. 参考文献（原田，2015）を参考に，特定の問題に対するエビデンスに
　　よって支持された標準的介入法を具体的に調べて，その内容を確認し
　　てみよう。
2. 引用文献および参考文献を読み，面接の進め方についてさらに具体的
　　に学ぶとともに，面接を適切に構造化するために必要な技術やコツを
　　調べてみよう。

引用文献

- Jesse H. Wright, Monica Ramirez Basco, Michael E. Thase (2005). *Learning Cognitive-Behavior Therapy-An illustrated Guide*. Washington, D.C.: American Psychiatric Publishing. (大野　裕監訳『認知行動療法トレーニングブック』医学書院，2007 年)
- Ledley. D.R., Marx, B., & Heimberg. R. (2005). *Making Cognitive-Behavioral Therapy Work: Clinical Process for New Practitioners*. New York: Guilford Press. (井上和臣監訳『認知行動療法を始める人のために』星和書店，2007 年)
- Lilienfeld, S.O., Ritschel, L.A., Lynn, S.J., Cautin, R.L., & Latzman, R.D. (2013). Why many clinical psychologists are resistant to evidence-based practice: Root causes and constructive remedies. Clinical Psychology Review, 33, pp.883-900

参考文献

- 原田隆之『心理職のためのエビデンス・ベイスト・プラクティス入門：エビデンスを「まなぶ」「つくる」「つかう」』金剛出版，2015 年
- Westbrook, D., Kennerley, H., & Kirk, J. (2011). *An introduction to cognitive behaviour therapy: skills & applications, 2nd ed.* London: Sage. (下山晴彦監訳『認知行動療法臨床ガイド』金剛出版，2012 年)

15 | 認知行動療法の発展

下山晴彦

《目標＆ポイント》　メンタルヘルス問題を抱えていても専門的な治療や支援サービスにつながるのが難しいことをサービスギャップと呼ぶ。このサービスギャップの解決に向けて，認知行動療法の提供の仕方を検討する。それと関連し，公認心理師が導入され，変化発展が予想される日本のメンタルヘルス領域における認知行動療法の進むべき方向と課題を確認する。特にサービスギャップを改善する方法として欧米で急速に広がっているインターネット版認知行動療法について解説する。
《キーワード》　情報社会，サービスギャップ，メンタルヘルス，インターネット版認知行動療法

1．はじめに

　これまで認知行動療法の基礎から応用まで順を追って学んできた。認知行動療法として基本的な要素は共通するものの，考え方や方法については第1世代，第2世代，第3世代といった発展のプロセスがあることをみてきた。それらの考え方や方法は認知行動療法の多様性を示すものであり，それぞれが別々に発展したものではない。むしろ，互いに影響し合い，交流することで統合的な発展がみられている。第3世代は，第1世代と第2世代の発展的統合の枠組みを示すものとみることができる。このように認知行動療法は，理論的にも技法的にも多様なかたちで発展しつつある。

　さらに，認知行動療法の発展は，理論面や技法面に留まらない。有効性が確かめられた認知行動療法をどのように現場に適用していくのかという，実装（implementation）が重要な課題になっている。つまり，メンタルヘルスの問題を解決し，改善しようとする人（利用者）が適切に認知行動療法を活用できるように環境を整えることが重要なテーマになっている。利用者がより簡単に，より適切に認知行動療法にアクセスできる環境づくりが課題となっている。

　本章では，高度情報社会である現代社会において認知行動療法の実装がどのように進んでいるかを紹介するとともに，将来どのようになっていくのが望ましいのかを検討する。特に現代社会において重要となっている情報通信技術との関連でインターネットを利用した認知行動療法の実装の現状と課題を見ていくことにする。

2. インターネット版認知行動療法台頭の背景

（1）メンタルヘルスにおけるサービスギャップ

　現代では，認知行動療法を含めた心理療法や薬物療法など，メンタルヘルスの問題に対する様々な療法が提唱され，実践されている。そのほとんどは専門家とクライエントが対面して実施されるものである。一方で，うつ病や不安障害といったメンタルヘルスの問題を抱えていても専門家への相談・受診に至らない人々が数多く存在する。実際には，メンタルヘルスの問題を抱えた場合に専門家に相談・受診する人は3分の1に満たないとされており，残りの3分の2は専門家によって提供される様々なサービスに繋がりさえしない。つまり，メンタルヘルスの問題を抱えていても，専門家にはなかなか繋がり得ないのが現状と言える。この問題は，サービスギャップ，すなわちサービスの想定される需要と実際の利用率の間の乖離の問題として研究されているが，根本的な解決に

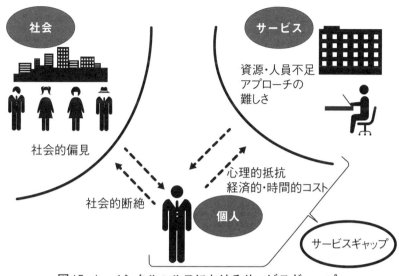

図15-1　メンタルヘルスにおけるサービスギャップ

は至っていない。

　このサービスギャップを生み出す要因として様々なものが指摘されており，図15-1はその概要について示したものである。メンタルヘルスの問題を抱え，職場や学校などのこれまで社会的役割を果たしていたコミュニティから離れてしまうと自力での復帰が難しい場合も多い。そのため，早い段階でメンタルヘルスの専門家による支援を受けることが望ましい。

　しかし，問題を抱えた個人の側，つまりサービス利用者の側から見ると，医療機関や相談機関への心理的抵抗や経済的・時間的コストの問題があり，なかなか来談に至ることができない。一方で，支援側，つまりサービスの提供側から見ると，対面での来談に至らない利用者へのアプローチはなかなか難しいのが現状である。来談しない人に向けてサービ

スを届けるためには資源や人員の不足が関係している。

（2）サービスギャップの解決策としてのステップドケアモデル

　サービスギャップをより具体的な社会的問題としてみると，①メンタルヘルスの問題を抱えても早期に専門機関に受診や来談できない，②専門機関に受診や来談しても適切な治療と援助が提供されていない，という2つの問題に集約できる。①の受診・来談前のギャップを引き起こす要因として，「援助要請に対する心理社会的バリア」「症状理解の乏しさ」「スティグマ」「治療効果の認識の乏しさ」などの問題が指摘されている。②の受診・来談後のギャップを引き起こす要因として「薬物療法の偏重」「有効な心理療法の提供不足」などの問題が指摘されている。

　こういったサービスギャップの問題を心理療法の観点から解決しようとするのが英国のIAPT（Improving Access to Psychological Therapies）である。IAPTとは，2007年から英国のNICE（National Institute for Health and Care Excellence：国立医療技術評価機構）が実施している国家プロジェクトであり，うつ病と不安障害に対するエビデンスに基づいた治療や来談の推進を目的としている。ステップドケアモデルという重症度に応じて標準化されたモデルが採用されており，使用される援助技法も明確になっているのが特徴である。

　図15-2の下線で示したように，ステップドケアモデルの幅広い段階で認知行動療法が活用されており，インターネット版認知行動療法は低強度の心理介入（Low-intensity psychosocial interventions）に該当する。なお，重症度の高い患者や高度な心理社会的介入を担当するのは臨床心理職であり，国民保健サービスの一環として数多くの心理職が働いている。

　このように，メンタルヘルスの専門家に求められるのは，サービス

STEP4：重度あるいは複雑なうつ病；自殺の危険性が高い；重度のセルフネグレクト	薬物, <u>高強度の心理治療</u>, 電気けいれん療法, 危機介入, <u>心理療法と薬物療法の併用</u>, 複数の専門職による入院治療
STEP3：介入を行っても閾値下のうつ症状が持続している, 軽度から中程度のうつ病のまま；中度から重度のうつ病	薬物, <u>高強度の心理治療</u>, <u>心理療法と薬物療法の併用</u>, 多職種協働によるケア, 更なるアセスメントと介入のためのリファー
STEP2：閾値下のうつ症状が持続している；軽度から中度のうつ病	<u>低強度の心理治療</u>, <u>通常の心理治療</u>, 薬物, 更なるアセスメントと介入のためのリファー
STEP1：うつ病の可能性があるすべての人	<u>アセスメント</u>, <u>支援</u>, <u>心理教育</u>, <u>セルフモニタリング</u>, 更なるアセスメントと介入のためのリファー

出典：https://www.nice.org.uk/guidance/cg90/chapter/1-Guidance#stepped-care より作成

図15-2　メンタルヘルスの問題に対するステップドケアモデル（うつ病の例）

ギャップを解決し，今ある資源や人材を用いて認知行動療法を含めたメンタルヘルスサービスを，支援を必要とする利用者に届けることである。サービス利用者の相談・受診行動を阻害している社会的バリアの存在を乗り越えるシステムの構築が専門家側に求められている。

3. 情報通信技術の発展とメンタルヘルス領域への応用

（1）インターネット版認知行動療法の開発と発展

　上述の問題意識を背景に，近年の情報通信技術（ICT：Information and Communication Technology）の発展とともに台頭してきたのがイ

ンターネット版認知行動療法（iCBT）である。ICTの発展は社会に多大な影響を与えており，それ以前に存在していた産業構造が変化するほど大きなインパクトを及ぼしてきた。なにより，我々の生活もICTによって大きく変容してきている。

　例えばメールやチャットは多くの人々の主要なコミュニケーション手段となっており，パソコンやスマートフォンといった端末は，それが存在しないことが考えられないほど生活の一部となっている。一方で，スマートフォンのようなモバイル端末を個人で所有することが一般的になったのは2010年代に入ってからのことであり，技術の進歩や普及が速いこともICTの特徴である。

　そして，ICTの有する即時性や利便性，効率性は，これまで行われてきた対面でのメンタルヘルスサービスと比較した際の強みであり，前述の社会的バリアを乗り越え，図15-3に示したように，サービスギャップを埋める可能性を秘めている。このような問題意識に基づき，ICTのメンタルヘルス領域への応用が試みられる中で，インターネット版認知行動療法が欧米で急速に台頭してきた。

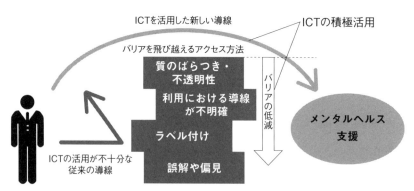

図15-3　ICTで社会的バリアを乗り越える

　インターネット版認知行動療法（iCBT）はインターネット上で提供される認知行動療法全般を指し，頭文字のIは「Internet‐delivered」あるいは「Internet‐based」を意味する。インターネットを用いるという性質上，認知行動療法を提供する側も受ける側も，何らかの形でコンピューターを用いるため，コンピューター化（computerized）認知行動療法と呼ばれることも多い。実際の提供形態には様々なものがあるが，現在ではパソコンのブラウザを用いて使用するものや，スマートフォンやタブレットのアプリケーションとして使用するものが代表的である。

　インターネット版認知行動療法自体は，1990年代から研究が進められており，様々なサービスが開発され，メンタルヘルスの様々な問題に対する有効性が検討されてきた。2000年代にはインターネット版認知行動療法一般に対し，その有効性が認められ，メンタルヘルスのための政策に組み込まれるようになってきた。この時期に，軽度から中等度のうつ病に対して推奨される心理支援技法としてNICEのガイドラインに記載されるようになった。2010年代に入ると，すでに効果の実証されたインターネット版認知行動療法が商用サービスとして提供されることも行われるようになってきた。

（2）インターネットを用いた認知行動療法の効果と意義

　インターネット版認知行動療法の効果は複数のRCT（Randomized Controlled Trial：ランダム化比較試験）の結果を分析したメタ分析によって示されることが一般的である。RCTは主観的評価を避け，客観的で質の高いエビデンスを示すために用いられる研究デザインの一種であり，効果研究でよく用いられる。その他に，エビデンスの質は劣るものの，中止リスクが少なく，リソースを最大限活用できるNRCT

（Non-Randomized clinical trial：非ランダム化比較試験）が用いられることもある。これまでの効果研究から，インターネット版認知行動療法は，うつ病・不安障害・身体症状という代表的な3つの領域のいずれにおいても対面式CBTとほぼ同程度の効果が認められている。特に，うつ病においては軽度から中程度のうつ病，不安障害においては広い範囲の不安障害（パニック障害・社交不安障害・全般性不安障害・心的外傷後ストレス障害），身体症状においては広い範囲の健康問題（頭痛・慢性疼痛・過敏性腸症候群・耳鳴り・不眠症・がん）と生活問題（ストレス・アディクション・摂食障害と肥満）に効果的である。

　インターネットを介して認知行動療法を提供するという手法で意図されている大きなメリットとしては主に2つ存在する。1つ目は，コンピューターによる自動化であり，これまで人間が行ってきた認知行動療法の一部をコンピューターが行うことである。これにより低コストで一定の質の認知行動療法を提供することが目指されている。2つ目はインターネットによるアクセシビリティの増加であり，これまでより多くの人に認知行動療法を提供することである。これにより，対面での認知行動療法に繋がることが難しかった人々にも認知行動療法を提供することが目指されている。また，認知行動療法を受けている人々にとっても，ICTという媒体を用いることでより利用しやすくなる。

4. 国内外におけるインターネット版認知行動療法の展開

（1）世界的展開

　欧米ではすでに数多くのインターネット版認知行動療法が開発され，その有効性も実証されている。インターネット版認知行動療法ならではの特徴として，人的サポートと動機づけのための工夫がある。インターネット版認知行動療法はコンピューターを介して行われるため，対コン

ピューターとのやりとりしか存在しないサービスもある。そのため，人的サポートの程度はそのサービスを理解するために重要なポイントとなってくる。このような人的サポートは通称「ガイド」と呼ばれ，人的サポートをつけることでより手厚い支援が可能になる一方で，より人的なコストがかかるというジレンマがある。

　もう一つの重要なポイントとして，動機づけのための工夫がある。インターネット版認知行動療法はドロップアウト率，すなわち，一度認知行動療法を受け始めても途中でやめてしまう率が高いことが指摘されている。インターネット版認知行動療法のアクセシビリティの高さという性質上，対面での認知行動療法と比べて動機づけの低い人々が認知行動療法を始めることになるため，これは当然のこととも言える。

　また，対コンピューターの場合，対人に比べて信頼関係を築きにくく，問題解決に向けての協働関係の構築が難しい点がある。そのため，人的サポートがない，あるいは程度が低い場合，動機づけを高める工夫が非常に重要になってくる。よく活用されるのがキャラクターの活用や個別フィードバック，ゲーム要素の導入であり，安心できる環境の中で主体的に学べるように工夫がなされている。この工夫には多くの場合インターネットやコンピューターならではの要素が含まれており，インターネット版認知行動療法の重要な特徴と言える。

（2）我が国でのインターネット版認知行動療法と発展可能性

　現在のところ，我が国でのインターネット上での認知行動療法の提供は一般的ではなく，研究段階のサービスが大半である。しかしながら，これまで難しかった遠隔地への支援や心理職が不在のコミュニティへの支援，匿名での支援など，インターネット版認知行動療法が役立つ場面は多いと考えられる。またAI（Artificial Intelligence）やIoT（Internet

of Things）を用いた製品がニュースを騒がす昨今，心理支援を受ける
クライエントの生活環境においても，ICTの比重はますます高まってい
くと考えられる。そのため，公認心理師の活動における認知行動療法の
重要性が今後高まっていく中で，インターネットを活用して認知行動療
法を提供できることは非常に重要である。

　我が国で開発・運用されているインターネット版認知行動療法の具体
例として，東京大学大学院教育学研究科下山研究室で開発された「ココ
ロ・ストレッチ」（未公開）を紹介する。「ココロ・ストレッチ」は，メ
ンタルヘルスや生活のセルフマネジメントの支援を目的として開発され
たものである（図15-4）。

　「ココロ・ストレッチ」は，表15-1に示す3つのインターネット版認
知行動療法サービスを統合的に利用するためのプラットフォームであ
り，各サービスの利用状況を記録し，利用者にフィードバックすること
で学習効果を高める。また，システム内で心理職に相談できる機能も有
している。

　「ココロ・ストレッチ」は，Web上で利用するものであり，対面と
Webを組み合わせた集団研修としても活用できる。携帯性という観点
から言えば，パソコンはスマートフォンやタブレットといった携帯端末
に劣る面があり，必ずしもパソコン上での提供が最善とは限らない。重
要なのは利用者の日常生活環境に合わせてインターネット版認知行動療
法を提供していくことである。例えば，年代によっても好んで用いるデ
バイスは異なり，若年層に対しては，タブレットやスマートフォンを用
いることが効果的である。「ココロ・ストレッチ」でもモバイル・アプ
リケーションのインターネット版認知行動療法サービスの提供も進めて
おり，異なるデバイス間でシームレスに利用できるサービスの構築が望
ましい。

ココロ・ストレッチ

メンタルヘルスを自分でマネジメントできる。
オンラインで専門家に相談できる。

[新規登録]

ココロ・ストレッチの目的

本プログラムは、働く人のメンタルヘルス向上を目指しています。

仕事の責任が高まったり、ストレスを感じやすい社員の方々が、「折れない心」で働く
スキルを身につけることを目的としています。

ココロ・ストレッチの特徴

特長1：ご自宅でのメンタルヘルス・ケアが可能

24時間どこからでもサイトへアクセスして、最新の認知行動療法の技法を
活用して、ご自分でメンタルヘルス・ケア*1を行うことができます。

*1 メンタルヘルス・ケアとは、うつや不安障害にならないようにするケア
を指します。うつや不安障害を含む、精神疾患の治療を提供するものでは
ありません。

特長2：臨床心理士があなたのサポーター

とはいえ、効果的なトレーニングも1人ではなかなか続かない...という方も
多いのではないでしょうか？日々のトレーニングをより充実したものにす
るために、認知行動療法の訓練を受けた現役の臨床心理士がサポートをし
ます。

認知行動療法について

**ココロ・ストレッチは、認知行動療法を中心とした
臨床心理学の最新の知見と技法に基づいて開発したものです。**

認知行動療法では、「人間は、環境からの刺激に反応しながら活動している」と考えま
す。そこで、環境からのストレス刺激に対する自分の反応の特徴に気づき、反応を上手
に変えて問題を解決することを目指します。

東京大学大学院教育学研究科臨床心理学コース下山研究室

[研究室のサイトへ]　　[心理支援アプリ]

図15-4　ココロ・ストレッチ（未公開）のログイン画面

表15-1 「ココロ・ストレッチ」アプリケーション概要

名　称	内　容
うつ・いっぽ・いっぽ	メンタルヘルスリテラシーを高めるため，セルフチェックで自分の心の健康状態を知り，うつの予防や回復について学ぶことができる。
いっぷく堂	セルフモニタリング能力を高めるため，日々の感情，からだの様子，忙しさの記録を通して，自分の状態に合わせた過ごし方を知り，試すことができる。
レジリエンス・トレーニング	ストレス状況を乗り越えたり，落ち込みから立ち直る力（レジリエンス）を高めるため，自分の強みとストレス対処を見つけることができる。
その他：心理職への相談	利用方法や自分の状態について疑問が生じた際にメッセージを送ることで，利用者の今の状態へのアドバイスや過ごし方のヒントが届く。

5. おわりに：我が国における課題と展望

　我が国におけるインターネット版認知行動療法の課題と展望について2点述べる。1つ目は，日本の社会文化に即したインターネット版認知行動療法の開発の必要性である。認知行動療法はもともと欧米で開発されたものである。そのため，文化差を考慮した上で，我が国で役立つインターネット版認知行動療法の実践について検討し，実践を進めていく必要がある。例えば近年，認知行動療法と森田療法の理論的接近が注目されている。森田療法はもともと入院療法であり，専門家によって準備された生活環境に支えられ，コミュニティの一員となって活動する中で結果的に症状が改善することを目指すものである。一方で，認知行動療法は専門家との面接の中で，自分で自分の症状を把握し，対処する方法を身につけることで症状の自己コントロールを目指すものである。この

ような違いは，それぞれの心理療法が開発された文化差を反映していると考えられ，我が国ではどのような内容や構造のもとでインターネット版認知行動療法を提供するのが良いのかを検討し，継続的に開発を行っていく必要がある。このような試みの成果として，日本文化の根底にある仏教の発想と第3世代の行動療法を統合し，「諦め」認知に基づくインターネット版認知行動療法を開発した研究実践も報告されている（菅沼，2018）。

　2つ目は，技術的活用が十分でないという点である。現在のところ，紙ベースでの認知行動療法をインターネット上で提供することにとどまっているものも多く，インターネットならではのサービス開発にはまだまだ至っていないのが現状と言える。今後ICTの進歩に伴い，個人レベルで利用できる先端技術の質も向上していくと考えられる。現在でも，ウェアラブルデバイスやスマートスピーカー，VRやARといった新しい技術を用いたサービスが他産業において実用化されている。

　メンタルヘルス領域でも高度な技術を用いた新たなサービス開発と社会実装が必要である。例えばスマートスピーカーであれば口頭でコンピューターとやりとりを行いながら認知行動療法を実践する形になり，より対面での認知行動療法に近いものとなる。そのため，同じコンテンツでもスマートフォンやコンピューターとは異なった体験のされ方になり，人によって好ましいと感じる媒体も異なることが予想される。提供する認知行動療法コンテンツの充実だけでなく，提供媒体の幅を広げていくことも重要であり，それらの相互作用についても検討と実践を行っていく必要がある。

＊本章の執筆にあたっては，防衛大学校人文社会科学群講師の菅沼慎一郎氏の多大な協力を得ました。記して感謝します。

1. 自分自身が心の問題を感じている場面を想定してみよう。その際，できたら相談に行きたくないと思うとしたら，どのようなことが理由としてあげられるだろうか。あなたにとって，心理相談に対してのバリアはどのようなものか考えてみよう。
2. インターネットを媒介として認知行動療法を受けることができるとしたら，その長所と短所としてどのようなことがあるか，考えてみよう。

引用文献

- Andersson, G. (2014). The Internet and CBT: A Clinical Guide. Boca Raton: CRC Press.（アンダーソン，G.　長江信和訳『ICBT インターネット認知行動療法ガイドブック』創元社，2016 年）
- 安　婷婷・菅沼慎一郎・小倉加奈子・下山晴彦「インターネットを用いた認知行動療法の最新のレビューと今後の展望」臨床心理学，16(2)，219-231，2016 年
- Blümle A., Schandelmaier S., Oeller P., Kasenda B., Briel M., & von Elm E; DISCO study group. (2016). Premature Discontinuation of Prospective Clinical Studies Approved by a Research Ethics Committee - A Comparison of Randomised and Non-Randomised Studies. PLoS One. 11(1): e0165605.
- 川上憲人「こころの健康についての疫学調査に関する研究　総括研究報告」平成 18 年度厚生労働科学研究費補助金（こころの健康科学研究事業），2006 年
- 中野美奈・菅沼慎一郎・下山晴彦「iCBT を活用した職場におけるメンタルヘルス研修　プログラムの開発と評価」東京大学大学院教育学研究科臨床心理学コース紀要 40，1-7，2017 年
- シュレンペルレナ・下山晴彦「何がうつ病を慢性化させるのか―心理社会的因子―」臨床精神医学，46(5)，521-525，2017 年
- Stefl, M. E., & Prosperi, D. C. (1985). Barriers to mental health service utilization. Community Mental Health Journal, 167-178.
- 菅沼慎一郎『〈前向きな諦め〉を促すインターネット認知行動療法　―日本文化にそくした心理支援のために』ミネルヴァ書房，2018 年

索引

●配列は五十音順，＊は人名を示す。

分担執筆者紹介

（執筆の章順）

林　潤一郎 （はやし・じゅんいちろう）

・執筆章→第 3・14 章

1980 年	東京都に生まれる
2009 年	東京大学大学院教育学研究科臨床心理学コース博士課程単位取得退学，東京大学学生相談ネットワーク本部・学生相談所助教を経て，
現在	成蹊大学経済学部（心理学担当）准教授兼同大学学生相談室専任カウンセラー，博士（教育学：東京大学）・公認心理師・臨床心理士
専攻	臨床心理学（認知行動療法・学生支援）
主な著書	『認知行動療法を学ぶ』（共著）金剛出版 『公認心理師技法ガイド：臨床の場で役立つ実践のすべて』（共著）文光堂

松永　美希 （まつなが・みき）

・執筆章→第 5・11 章

1978 年	広島県に生まれる
2010 年	広島大学大学院医歯薬学総合研究科修了，博士（医学）
現在	立教大学現代心理学部心理学科　准教授，公認心理師，臨床心理士
専攻	臨床心理学
主な著書	『うつ病の集団認知行動療法実践マニュアル　～再発予防や復職支援に向けて～』（共編著）日本評論社 『対人援助と心のケアに活かす心理学』（共著）有斐閣 『認知行動療法事典』（共編著）丸善出版 『周産期のうつと不安の認知行動療法』（監訳）日本評論社

大月　友（おおつき・とむ）

・執筆章→第6・7・8章

1980 年	千葉県に生まれる
2002 年	筑波大学第二学群人間学類卒業
2004 年	新潟大学大学院教育学研究科学校教育専攻臨床心理学分野修士課程修了
2007 年	広島国際大学大学院総合人間科学研究科博士後期課程修了，博士（臨床心理学）
2008 年	早稲田大学人間科学学術院助教，専任講師を経て，
現在	早稲田大学人間科学学術院准教授
専攻	行動分析学（臨床行動分析）
主な著書	『ACTハンドブック：臨床行動分析によるマインドフルなアプローチ』（共著）星和書店
	『アクセプタンス＆コミットメント・セラピー（ACT）　第2版：マインドフルな変化のためのプロセスと実践』（監訳）星和書店
	『臨床言語心理学の可能性』（共著）晃洋書房

編著者紹介

下山　晴彦 （しもやま・はるひこ）

・執筆章→第 1・4・13・15 章

1957 年	静岡県に生まれる。
1983 年	東京大学大学院教育学研究科教育心理学専攻博士課程退学
同　年	東京大学教育学部助手（東京大学学生相談所相談員兼務）
1991 年	東京工業大学保健管理センター　専任講師
1994 年	東京大学教育学部教育心理学科　助教授
1997 年	博士（教育学：東京大学）
2004 年	東京大学大学院教育学研究科臨床心理学コース教授
2022 年	跡見学園女子大学教授
専攻	臨床心理学
主な著書	『公認心理師スタンダードテキストシリーズ 3　臨床心理学概論』（編著）ミネルヴァ書房
	『臨床心理学入門』（編訳）東京大学出版会
	『公認心理師技法ガイド』（編集主幹）文光堂
	『公認心理師のための「発達障害」講義』（監修）北大路書房
	『公認心理師必携　精神医療・臨床心理の知識と技法』（編著）医学書院
	『臨床心理フロンティアシリーズ　認知行動療法入門』（編著）講談社
	『臨床心理学をまなぶ 2　実践の基本』（単著）東京大学出版会

神村　栄一（かみむら・えいいち）

・執筆章→第 2・9・10・12章

1963 年	福島県に生まれる
1991 年	筑波大学大学院博士課程満期修了
1994 年	博士（心理学：筑波大学）
現在	新潟大学人文社会科学系教授
	公認心理師，臨床心理士，専門行動療法士
専攻	臨床心理学，教育相談学
主な著書	『ストレス対処の個人差に関する臨床心理学的研究』（単著）風間書房
	『実践家のための認知行動療法テクニックガイド』（共著）北大路書房
	『レベルアップしたい実践家のための事例で学ぶ認知行動療法テクニックガイド』（共著）北大路書房
	『認知行動療法』（共著）放送大学教育振興会
	『認知行動療法実践レッスン』（共著）金剛出版
	『中 1 ギャップ：新潟から広まった教育の実践』（共著）新潟日報事業社
	『学校でフル活用する認知行動療法』（単著）遠見書房
	『不登校・ひきこもりのための行動活性化』（単著）金剛出版

放送大学教材　1529439-1-2011（テレビ）

改訂版　認知行動療法

発　行　　2020 年 3 月 20 日　第 1 刷
　　　　　2023 年 1 月 20 日　第 2 刷
編著者　　下山晴彦・神村栄一
発行所　　一般財団法人　放送大学教育振興会
　　　　　〒 105-0001　東京都港区虎ノ門 1-14-1　郵政福祉琴平ビル
　　　　　電話　03（3502）2750

市販用は放送大学教材と同じ内容です。定価はカバーに表示してあります。
落丁本・乱丁本はお取り替えいたします。

Printed in Japan　ISBN978-4-595-32181-8　C1331